Magdalena Bor

Badanie użyteczności stron internetowych

Magdalena Bor

Badanie użyteczności stron internetowych

Praktyczne zastosowanie zasad użyteczności na przykładzie portalu internetowego

Wydawnictwo Bezkresy Wiedzy

Impressum / Imprint
Bibliografische Information der Deutschen Nationalbibliothek: Die Deutsche Nationalbibliothek verzeichnet diese Publikation in der Deutschen Nationalbibliografie; detaillierte bibliografische Daten sind im Internet über http://dnb.d-nb.de abrufbar.

Informacja bibliograficzna Niemieckiej Biblioteki Narodowej: Niemiecka Biblioteka Narodowa rejestruje tę publikację w Niemieckiej Bibliografii Narodowej; szczegółowe informacje bibliograficzne dostępne są w Internecie na stronie http://dnb.d-nb.de.

Coverbild / Okładka: www.ingimage.com

Verlag / Wydawnictwo:
Wydawnictwo Bezkresy Wiedzy
ist ein Imprint der / jest znakiem handlowym
OmniScriptum GmbH & Co. KG
Heinrich-Böcking-Str. 6-8, 66121 Saarbrücken, Deutschland / Niemcy
Email: info@bezkresywiedzy.com

Herstellung: siehe letzte Seite /
Druk: patrz ostatnia strona
ISBN: 978-3-639-89013-6

Spis treści

Podziękowania

Do powstania tej ksiażki przyczyniły się osoby, których nie sposób nie wspomnieć przy okazji jej publikacji. Dziękuję pracownikowi naukowemu, dr Jackowi Jelonkowi z Politechniki Poznańskiej, który udostępnił mi swój ówczesny portal www.itiner.pl – za jego pomocą mogłam przeprowadzić badania z użytkowniami oraz pokazać praktyczne zastoswanie zasad użyteczności. Dziękuję także mojej niezastapionej koleżance Joannie Paleczny, która równolegle ze mną prowadziła badania użyteczności aplikacji mobilnych, a bez której nieustannego wspracia praca ta nie ujrzałaby światła dziennego. Na koniec, dziękuję wszystkim badanym, którzy poświęcili swój czas i energię na wzięcie udziału w nie najkrószym badaniu.

Wstęp

W ciągu ostatnich lat najbardziej popularnym i dominującym środkiem masowego przekazu stał się Internet. Kolejne strony WWW pojawiają się na serwerach każdego dnia. W dobie rosnącego znaczenia e-marketingu w działalności przedsiębiorstw oraz nasilającej się konkurencji online, projektanci serwisów internetowych zaczęli dążyć, by witryny zyskały na atrakcyjności i stały się przyjazne dla użytkownika. Z powodu braku praktycznych doświadczeń, podejmowano działania dla potrzeb poszczególnych serwisów, oparte na przeprowadzonych badaniach i testach użyteczności, których rezultaty stanowiły fundament dla ustalania konwencji i zasad użyteczności stron WWW (ang. *web usability*). Rozstrzygnięcia problemów użyteczności i dostępności zaczęto poszukiwać zarówno wśród dorobku nauk technicznych i informatycznych, jak i innych dziedzin, takich jak psychologia.

Z początku zagadnienia użyteczności serwisów internetowych były marginalizowane i nie stanowiły nieodzownej części procesu projektowania serwisów WWW. Na wczesnym etapie rozwoju Internetu, nieustannie popełniano szereg błędów, które świadczyły o niskim poziomie zrozumienia zagadnień *web usability*. Portale internetowe spełniały rolę jedynie broszur reklamowych, gdzie pominięto szczególne cechy mediów cyfrowych. Architektura wyświetlanych informacji odzwierciedlała najczęściej strukturę firmy, jako twórcy serwisu, a nie potrzeby użytkownika, gdzie strony WWW wypełniano tekstami napisanymi w tradycyjny, linearny sposób.

W miarę rozwoju globalnej sieci, również internauci stali się coraz bardziej wymagającą grupą docelową, z jednej strony mającą większe oczekiwania względem chociażby stopnia przejrzystości czy interaktywności portalu, z drugiej chcącą ograniczyć swoje obciążenie poznawcze. Przejawia się to w ich niecierpliwości i oczekiwaniu szybkiej gratyfikacji, by znaleźć interesującą stronę internetową, wypełnić zamierzone zadanie i ją opuścić. Zazwyczaj ignorują oni wysiłki projektantów mające na celu zatrzymanie ich jak najdłużej na danej stronie, świadomie unikając detali rozpraszających ich uwagę.

Dlatego potrzeba wykorzystania filozofii użyteczności przy projektowaniu serwisów WWW stała się tak nagląca, a sprzyja jej także różnorodność terminali, z których korzystają użytkownicy przeglądający strony internetowe. Głównym trendem widocznym obecnie na światowym rynku jest intensywny wzrost wykorzystania do tych celów urządzeń mobilnych, takich jak telefony komórkowe.

Celem niniejszej pracy jest analiza problematyki użyteczności, w kontekście zarówno projektowania jak i przeprowadzania testów stron internetowych. Wstęp teoretyczny dotyczy procesów kognitywnych oraz strategii korzystania przez typowego użytkownika z portali WWW, a także stanowi przegląd zasad i heurystyk projektowania ukierunkowanego na użytkownika. Następnie na tej podstawie przeprowadzone zostaną badania własne wybranego serwisu internetowego, prowadzące do jego oceny, a także wskazania jego mocnych i słabych stron. Na koniec zostaną zaproponowane szczegółowe zmiany projektowe kluczowych podstron serwisu mające na celu polepszenie jego użyteczności.

Struktura pracy

Pierwszy rozdział dotyczy osoby użytkownika, a dokładnie sposobu, w jakim porusza się on w Internecie. Przytoczone są w nim niezbędne definicje, m.in. projektowanie zorientowane na użytkownika (ang. *user-centred design*), które jest dominującym paradygmatem w tematyce użyteczności oraz główne jego cele. Wyjaśnione zostaną własności użyteczności (nie jest to jednowymiarowa cecha), czyli nauczalność, efektywność użycia, zapamiętywalność, częstotliwość i waga błędów oraz subiektywna satysfakcja. W tym miejscu nie można pominąć dobrych praktyk projektowych, które autorka przytacza za znanym badaczem użyteczności Jacobem Nielsenem, którego dziesięć reguł stanowi kanwę użytecznego projektowania. Z drugiej strony, kolejny podrozdział opisuje podstawowe błędny, których trzeba się wystrzegać w procesie projektowania. Rozdział pierwszy kończy się opisaniem przykładowych metod stosowanych w badaniach użyteczności, których mnogość mogłaby być tematem odrębnej pracy.

Koleje rozdziały poświęcone są badaniom własnym, których przedmiotem był serwis www.itiner.pl – w rozdziale drugim pojawia się opis strony i programu, który promuje. Po nakreślaniu celów badawczych, opisana zostaje metoda badawcza, którą był wywiad indywidualny z użytkownikami, obejmujący konkretne polecenia do wykonania na wyżej wymienionej stronie, ale również swobodną rozmowę, w trakcie której użytkownik na bieżąco mówił o swoich wrażeniach dotyczących korzystania z niej. Przedstawione zostaje również narzędzie badawcze, program *Morae*, który wspomagał proces badania – umożliwił on głównie nagranie sesji użytkownika poruszającego się po wskazanej stronie WWW. Ostatnia część rozdziału drugiego opisuje przebieg i wnioski z pierwszej części badania, w której wzięło udział łącznie dziesięciu użytkowników.

Rozdział trzeci obejmuje natomiast dalszą cześć badania, w której wzięła udział już tylko połowa badanych, a której wyniki docelowo służyły zaprojektowaniu nowych elementów portalu: strony głównej oraz zakładki pobierania aplikacji mobilnej. W tym miejscu zostaje zaprezentowany i porównany obecny wygląd tych elementów oraz nowe projekty, które uwzględniają rekomendacje zmian wynikające z badania. Ostatni, rozdział stanowi zarówno podsumowanie przeprowadzonych badań, jak i tematyki użyteczności w świetle uzyskanych wyników.

Rozdział 1. Rozwój idei użyteczności stron internetowych

1.1. Nowy środek przekazu informacji – strony internetowe

Dziś Internet pełni rolę niezastąpionego źródła informacji. W swojej uniwersalności, w dużej mierze zastępuje gazety, encyklopedie, stał się jednym z najlepszych narzędzi komunikacji medialnej. Wielu ekspertów marketingu twierdzi, że właśnie strony WWW są dziś najszybszym i najskuteczniejszym sposobem promocji usług i produktów. Strona internetowa nie tylko pozwala na błyskawiczne dotarcie do użytkownika, ale również na uzyskanie szerokiej gamy odbiorców.

Codziennie w Polsce rejestruje się dziesiątki stron internetowych. Z „wyrastających niczym grzyby po deszczu" stron WWW każdego dnia można dotrzeć do zupełnie nowego zbioru informacji, który do tej pory nie był znany. Dostrzeżenie zalet założenia strony w Internecie przyczyniło się do wyeliminowania wszelkich trudności w jej tworzeniu. Obecnie na rynku działa mnóstwo firm oferujących zaprojektowanie oraz wykonanie strony WWW, według potrzeb i preferencji klienta. Profesjonalne projekty WWW ceni się coraz bardziej, co czyni prace tzw. *web designerów* niezwykle cenną. Według badań Tomasza Karwatki[1] wydając 10% do 14% budżetu opracowania portalu na sam rozwój projektu strony, zyskuje się nawet o 135% efektywniejszy produkt. Postęp technologiczny pociąga za sobą stosowanie innowacyjnych rozwiązań, co staje się koniecznością przy byciu konkurencyjnym na rynku dóbr i usług.

Od kiedy w wirtualnym świecie pojawiła się technologia CSS[2], a także system AJAX[3], portale internetowe nie tylko pełnią rolę przekaźnika informacji, ale także

---

[1] Specjalista, zajmujący się skutecznym rozwojem m.in. stron internetowych. Autor kursu pt. *Efektywne i intuicyjne serwisy WWW.*

[2] CSS – to tzw. Kaskadowe Arkusze Stylów (ang. *Cascading Style Sheets*). Jest to język służący do opisywania formy (treści, grafiki) wyświetlania stron WWW. CSS został opracowany przez organizację W3C w 1996 r.

[3] AJAX (ang. *Asynchronous JavaScript and XML*, asynchroniczny JavaScript i XML) – technologia tworzenia aplikacji internetowych, pozwalająca na odbywanie się interakcji użytkownika z serwerem bez przeładowywania całego dokumentu, w sposób asynchroniczny. Celem tego jest umożliwienie bardziej

zachowują pewne niezapisane standardy Internetu, z czego wyodrębnia się oddzielna dziedzina badań. Strony WWW tworzone w technologii Flash[4] jeszcze parę lat temu zadziwiały specjalistów ds. projektowania stron internetowych. Dzisiaj tego typu i inne technologie spotyka się w powszechnym użyciu. Interaktywność, jaką oferują nowoczesne portale, wydaje się wyznaczać nowy kierunek rozwoju.

Prócz rozbudowanego źródła informacji, jakie stanowią strony internetowe, działanie w sieci pozwala na rozbudowaną komunikację. Powstawanie nowych portali społecznościowych pomaga w nawiązaniu i zacieśnianiu kontaktów z licznymi użytkownikami sieci na całym globie. Wyłania się pytanie, jak można udoskonalić transfer informacji i komunikacje poprzez strony internetowe? Kluczem do odpowiedzi jest ich rozwój. Witryny zaprzestające dalszego progresu nie posiadają racji bytu w Internecie. Dlatego na rozwoju stron WWW dopasowanych do potrzeb finalnych odbiorców skupia się niniejsza praca.

1.2. Jak użytkownicy korzystają z Internetu?

Wiedzę, dotyczą rozwijania stron WWW przyrównać można do umiejętności stworzenia przyciągającego uwagę, czytelnego serwisu internetowego, pomagającego w odnalezieniu potrzebnych informacji. Priorytetem we władaniu takimi umiejętnościami jest wiedza na temat tego, jak dany użytkownik korzysta ze stron internetowych oraz co zachęca go do odwiedzenia portalu w sieci Web.

Steve Krug, autor jednej z czołowych publikacji [2006] dotyczącej funkcjonalności stron internetowych przytacza parę faktów na temat odbiorców usług internetowych, których nie powinno się zapomnieć przy tworzeniu, bądź też ulepszaniu, stron sieciowych. Owe fakty opierają się na z natury prozaicznej regule, by nie kazać odbiorcy „myśleć" (de facto autor posłużył się tym sformułowaniem tytułując swoją

---

dynamicznej interakcji z użytkownikiem niż w tradycyjnym modelu, który każde zapytanie o nowe dane wiąże z przesłaniem całej strony HTML.

[4] FLASH – to technologia wykorzystywana do tworzenia zaawansowanych, interaktywnych animacji komputerowych na zasadzie klatek kluczowych, które będąc zazwyczaj niewielkich rozmiarów nadają się do używania na stronach w Internecie przykładowo spełniając funkcje baneru reklamowego.

książkę). Oczekują oni by oglądana przez nich strona WWW była, na ile jest to tylko możliwe, oczywista, zrozumiała oraz niewymagająca dalszych wyjaśnień. W praktyce każdy element znajdujący się na stronie, może powodować niepotrzebne zastanowienie użytkownika. Przykładowo, wszelkie hasła marketingowe, prezentacja nazw własnych produktów czy specjalistyczne nazewnictwo techniczne, bądź inne komunikaty mogą budzić powątpiewanie użytkownika. Tabela 1 przedstawia komunikaty zaprezentowane na stronie WWW w kolejności od najbardziej do najmniej klarownego komunikatu:

Klarowność komunikatu		
największa	→	**najmniejsza**
pobierz	**zdobądź**	**przesyłanie danych na komputer**
Skutek:		
Natychmiastowe kliknięcie	Kilkusekundowe zastanowienie	Zdaniem użytkownika odnośnik [ang. *link*] [5] może w ogóle nie dotyczyć ściągnięcia konkretnego pliku

Tabela 1: Przykład zrozumienia komunikatu przez odbiorcę na stronie internetowej [opracowanie własne].

Jak ilustruje powyższe zestawienie użyte sformułowania znajdują się pomiędzy kategorią „zrozumiałe dla każdego" a „zupełnie niejasne". Istotnym jest zatem, by projektanci stron brali pod uwagę, że zbędne skomplikowanie i brak przejrzystości przyczynia się do utraty zaufania do witryny oraz jej właścicieli. Z tego względu trzeba mieć na uwadze kilka zasad dotyczących użytkowników Internetu, o których nie można zapomnieć przy tworzeniu stron WWW:

ZASADA 1

Użytkownik nie czyta stron WWW – on je przegląda

Dobrze udokumentowanym jest stwierdzenie, że człowiek nie poświęca wiele czasu na czytanie witryn internetowych. Jacob Nielsen [1997] w swoim artykule *How Users Read on the Web* prezentuje wyniki swoich badań, w których jasno ukazuje powyższy fakt. Wyniki pokazały, że aż 79% osób z grupy badanych zawsze

[5] Ponieważ angielska nomenklatura słowa „odnośnik" przyjęła się w języku polskim zarówno pisanym, jak i mowie, autorka zamiennie używa te słowa.

skanowało wzrokiem nową stronę, na którą natrafili, podczas gdy tylko 16% czytało słowo po słowie.

Naturalnie, odstępstwo od tej reguły stanowią witryny zawierające wiadomości, raporty czy też szczegółowe opisy produktów, które użytkownik zamierza nabyć. Jeżeli jednak dany dokument składa się z więcej niż paru akapitów, zostanie on albo pominięty albo wydrukowany, gdyż dokument czyta się znacznie wygodniej w formie papierowej, aniżeli elektronicznej.

Istnieje kilka powodów dlaczego użytkownik „skanuje" zamiast czyta treść strony WWW:

- jest on w ciągłym pośpiechu – ludzie korzystający z informacji w Internecie mają na celu oszczędność czasu,
- wie, że nie musi przeczytać całej zawartości witryny – w trakcie odwiedzania większości stron internetowych odbiorcę interesuje zaledwie ułamek tego, co się na tej stronie znajduje. Większość danych okazuje się nieistotne, ponieważ korzystając z Internetu szukamy tylko niezbędnych informacji; postępowanie to odbywa się mianowicie przez przeglądanie witryny, a nie uważne wczytywanie się w jej treść,
- umie przeglądać – człowiek jest przyzwyczajony do pobieżnego przeglądania czasopism, gazet w poszukiwaniu ważnych dla siebie informacji.

Jak podkreśla Krug, odbiorca zazwyczaj stara się odszukać słowa „klucze" zgadzające się z tymi, które już znajdują się w umyśle użytkownika, pokrywające się z zadaniami, jakie ma on do wykonania w sieci.

ZASADA 2

Użytkownik nie wybiera optymalnie – on się zadowala

Błędem okazuje się przyjęcie założenia, iż użytkownicy, wchodząc na strony internetowe, przeglądają je szukając przy tym możliwe najlepszej opcji. Według Kruga rzeczywistość wygląda zgoła inaczej. Użytkownicy nie dokonują najlepszych wyborów, ale zadowalają się pierwszą sensowną opcją, jaką znajdą. Kiedy tylko użytkownik odszuka odnośnik mogący prowadzić do pożądanej informacji, istnieje spore prawdopodobieństwo, że na niego kliknie. Powody, dla których użytkownicy nie zagłębiają się w poszukiwania najlepszych rozwiązań to m.in.:

- pośpiech – wg Gary'ego Kleina, autora książki *Sources of Power: How People Make Decisions* [1998], optymalizacja wszelkich potencjalnych wyborów nastręcza trudności i pochłania czas; satysfakcja płynąca z pierwszego dopuszczalnego rezultatu zdaje się pod tym względem bardziej wydajna,
- brak dużej straty, w przypadku, gdy nasza decyzja okaże się błędna – skutek wyboru niezamierzonego odnośnika sprowadza się zazwyczaj do kilkukrotnego użycia przycisku *Wstecz* w oknie przeglądarki, co nie kosztuje użytkownika większego wysiłku czy poświęcenia dodatkowego czasu,
- niezwiększanie swoich szans poprzez ocenianie możliwych wyborów – w przypadku złego projektu witryny, użytkownik jedynie traci swój czas nad wyborem najlepszej możliwości; dlatego zamiast rozważać wybór najodpowiedniejszej opcji, osoba siedząca naprzeciw monitora, preferuje wybrać pierwszy odpowiadający mu odnośnik i później, w przypadku pomyłki, skorzystać z opcji *Wstecz*,
- większe zainteresowanie zgadywaniem – pochłania nie tak dużo wysiłku, jak analiza wszelkich możliwych opcji, pozwala również na zaoszczędzenie czasu, o ile jest trafne. Często się przy tym zdarza, że odkryje się nowe, zaskakujące informacje.

ZASADA 3

Użytkownik nie analizuje, w jaki sposób działa dana strona internetowa, mimo to daje sobie radę z jej obsługą

Jedną z podstawowych kwestii, interesujących badacza testującego funkcjonalność, jest zakres, w jakim użytkownik korzysta z danego urządzania lub oprogramowania bez zastanawiania się, na jakiej zasadzie ono funkcjonuje. Wynika to chociażby z faktu, że niewiele osób spędza czas na zaznajomienie się z instrukcją obsługi.

Klasycznym przykładem tej zasady jest spostrzeżenie, które Krug przytacza w swej pracy [2006], że dziesiątki ludzi podczas testów użyteczności wpisuje w pole tekstowe wyszukiwarki Yahoo cały adres URL [6] za każdym razem, gdy chce odwiedzić dany portal, i nie wynika to z faktu, że jest to portal, którego poszukują, lecz czynią to każdorazowo, wchodząc na daną stronę nawet pary razy dziennie. Badani zapytani o powyższe praktyki twierdzili, że robią to z przyzwyczajenia. Część z nich sądziła natomiast, że Yahoo to Internet, a nie przeglądarka.

Krug docieka dlaczego się tak dzieje i dochodzi do następujących konkluzji:

- dla użytkownika nie jest ważne, jak rzeczy są skonstruowane, o ile wie, jak się nimi posługiwać – według Klawitera rozpoznanie narzędzia to ujęcie go z perspektywy jego użyteczności dla podmiotu [Klawiter 2006] – zatem użytkownik „rozumie" narzędzie tylko wtedy, gdy nauczy się nim posługiwać; w odniesieniu do tematu użyteczności stron internetowych oznacza to, że typowego użytkownika nie interesuje, jak wygląda kod strony WWW, ale jak korzystać z różnych opcji i odnośników widocznych na monitorze komputera;
- użytkownik zostaje przy rozwiązaniach, które się sprawdziły, bez względu na kwestie ich poprawności – jeśli dane rozwiązanie działa, użytkownik nie poświęca dodatkowego czasu na szukanie alternatywnych rozwiązań, których rezultat został już odkryty. Zdarza się że użytkownik trafia na lepszą metodę obsługi danego przedmiotu, ale z reguły wynika to z czystego przypadku, aniżeli zaplanowanego działania w celu ulepszenia obsługi danej rzeczy.

Autor książki *Nie każ mi myśleć: o życiowym podejściu do funkcjonalności stron internetowych* [Krug 2006] wyraźnie podkreśla wagę „zrozumienia" przez użytkownika strony WWW. Osiągając swój cel, którym jest stworzenie jasnego przekazu i przyciągnięcie uwagi odbiorcy, twórcy stron internetowych zyskują niewymierne korzyści:

---

[6] URL (ang. *Uniform Resource Locator*) – oznacza jednolity format adresowania zasobów (danych, informacji, usług) wykorzystywany w Internecie oraz w sieciach lokalnych.

- zwiększa się prawdopodobieństwo, że użytkownik odszuka to, co zamierzał – pozytywy można dostrzec po stronie użytkownika i twórcy portalu,
- użytkownik z większym prawdopodobieństwem zrozumie przekaz zaprezentowany w witrynie, a nie jedynie elementy napotkane przypadkiem,
- odbiorca zyskuje satysfakcje z wejścia na stronę, gdyż po takiej „wizycie" czuje się mądrzejszy, uważa, że kontroluje to, co widzi, co zdaje się zwiększyć szanse na kolejne wejście na daną stronę.

Nielsen w swoim artykule również zwraca uwagę na wiarygodność witryn internetowych [1997]. Twierdzi on, że dla potencjalnego użytkownika strony WWW jej wiarygodność jest istotna, jako że niejasnym jest, kto odpowiada za treści na niej umieszczone oraz czy może być godna zaufania. Wiarygodność można zwiększyć dzięki grafice wysokiej jakości, poprawnym, dobrym pisaniu, oraz używaniu odnośników do innych portali. Takie linki dają użytkownikowi pewność, że autorzy strony sprawdzili poszczególne źródła internetowe i nie mają obaw przed dopuszczeniem użytkownika do ich odwiedzenia.

Styl „działania" użytkownika w sieci opisuje w innym artykule [Nielsen 2000] wyżej wspomniany badacz. Zaznacza on, że badania zachowań użytkownika sieci wykazują jego małą tolerancje dla skomplikowanych projektów czy wolno działający stron. Ludzie nie lubią i nie chcą czekać. Co więcej nie wykazują entuzjazmu do nauki obsługi strony WWW. Ponieważ nie istnieją kursy bądź instrukcje dotyczące stron internetowych, ludzie powinni być zdolni do natychmiastowego pojęcia funkcjonalności strony zaraz po jej przeskanowaniu wzorkiem, co ma zająć nie więcej niż parę sekund. W przeciwnym razie, większość typowych użytkowników zwyczajnie opuści daną stronę, zwracając się ku innej, gdzie będą mogli odnaleźć potrzebne informacje lub dokonać upragnionego zakupu.

1.3. Użyteczność jako budowanie ergonomicznych i intuicyjnych w obsłudze serwisów

Studiowanie tematu niniejszej pracy wymaga znajomości kilku definicji.

Użyteczność (ang. *usability*) – jest to prostota w użyciu i nauczeniu się obsługi rzeczy wytworzonych przez człowieka. Obiektem takim może być program komputerowy, strona WWW, książka, narzędzie, maszyna, proces, oraz cokolwiek, co stanowi przedmiot interakcji z człowiekiem. Badania użyteczności są przeprowadzane zarówno przez wyspecjalizowanych analityków użyteczności, jak i m.in. przez projektantów, osoby zajmujące się techniczną stroną danego obiektu lub marketingiem. Stosuje się ją szeroko przy tworzeniu bądź ulepszaniu licznych urządzeń elektronicznych codziennego użytku, poprawie komunikacji lub przy narzędziach przekazujących wiedzę (takich jak książka kucharska, dokument, czy pomoc online) oraz rzeczy mechanicznych, takich jak klamka od drzwi czy młotek [Wikipedia 2012, tłum. M.B.].

Użyteczność obejmuje metody jej mierzenia, takie jak analiza potrzeb[7] oraz badanie priorytetów stojących za postrzeganiem elegancji i efektywności rzeczy. W komunikacji człowiek-komputer i informatyce, użyteczność zajmuje się klarownością interakcji człowieka z programem komputerowym czy stroną WWW (ang. *web usability*). Użyteczności stron WWW, czyli ich ergonomii[8] i funkcjonalności, zostaną poświęcone dalsze rozdziały pracy.

Użyteczność różni się od równie ciekawej kwestii satysfakcji użytkownika komputera (ang. *computer user satisfaction*) – to pierwsze obejmuje również

[7] Analiza potrzeb (ang. *Needs analysis*) – to ustrukturyzowany proces stworzony przez K. Tarę Smith, który zajmuje miejsce tuż obok Analizy oczekiwań (ang. *Reqiurements analysis*) i skupia się na ludzkim aspekcie wymagań dotyczących obiektów użytkowych.

[8] Ergonomia (gr. *εργον* - praca + *νομοσ* - prawo) – nauka o pracy, czyli dyscyplina nauki zajmująca się dostosowaniem pracy do możliwości psychofizycznych człowieka.

pożyteczność. Oba te pojęcia należą natomiast do szerszej dziedziny jaką jest Komunikacja człowiek-komputer (ang. *Human-computer interaction*)[9].

Zasadnicze wyobrażenie na temat użyteczności opiera się na koncepcji, że obiekty zaprojektowane z myślą o ludzkiej psychice i fizjologii, są przykładowo:

- bardziej sprawne w użyciu – mniej czasu poświęca się na realizacje konkretnego zadania,
- łatwe do nauczenia się – możliwość nauka obsługi tylko poprzez przyglądanie się obiektowi,
- bardziej satysfakcjonujące w obsłudze.

Złożone systemy komputerowe znajdują swoją rację bytu w życiu codziennym, jednocześnie rynek jest nasycany konkurującymi markami. To przyczyniło się do rozpowszechnienia użyteczności; ostatnimi laty stała się ona szeroko rozpoznawalną dziedziną, jako że przedsiębiorstwa zaczęły dostrzegać zalety badań i rozwoju swych produktów stosując metody zorientowane na użytkownika zamiast na technologię. Dzięki zrozumieniu i badaniom interakcji pomiędzy produktem a użytkownikiem, eksperci użyteczności mogą zapewnić wgląd w to, co zdaje się być nieosiągalnym w tradycyjnych firmach koncentrujących się na badaniach rynku. Podając przykład, po obserwacji i wywiadzie z użytkownikami, ekspert użyteczności jest w stanie zidentyfikować potrzebą funkcjonalność czy wady projektu, które nie zostały przewidziane wcześniej. Metoda zwana badaniem kontekstowym (ang. *contextual inquiry*) pomaga to odkryć w naturalnym otoczeniu, w którym użytkownik porusza się na co dzień.

W paradygmacie projektowania zorientowanym na użytkownika (ang. *user-centred design*), produkt jest tworzony z nieustanną myślą o danym użytkowniku na każdym etapie jego powstawania. W skonkretyzowanych paradygmatach sterowania przez użytkownika (ang. *user-driven*) czy partycypacyjnym projektowaniu (ang.

[9] Komunikacja człowiek-komputer (ang. *Human-computer interaction)* – obejmuje badania, planowanie, oraz projektowanie interakcji pomiędzy ludźmi (użytkownikami) a komputerami. Często jest postrzegana jako leżąca na przecięciu informatyki, nauk behawioralnych, projektowania oraz paru innych obszarów badawczych.

participatory design) niektórzy użytkownicy stają się rzeczywistymi członkami zespołu projektowego [Ivar 2006].

Termin przyjazny użytkownikowi (ang. *user friendly*) jest często stosowany jako synonim użytecznego, chociaż może się także odnosić do dostępności (ang. *accessibility*). Pojęcie dostępności dotyczy działań podejmowanych w celu uczynienia treści i funkcji zamieszczonych na stronie internetowej możliwych do wykorzystania dla jak najszerszej grupy użytkowników. Terminu tego zazwyczaj używa się w kontekście umożliwienia jak najlepszego wykorzystania możliwości oferowanych przez serwis internetowy osobom o dowolnym rodzaju ograniczonej sprawności (niedowidzenie, głuchota, ograniczenia motoryczne, itp.) oraz użytkownikom korzystającym z Internetu za pośrednictwem tzw. technologii pomocniczych (takich jak czytnik ekranu), czy terminala o ograniczonych możliwościach, w porównaniu z komputerem PC (np. komórka) [What is Accessibility?, 2012].

Jacob Nielsen [2003] określił użyteczność jako zbiór pięciu elementów:

- nauczalność (ang. *learnability*) – z jaką łatwością wykonuje się podstawowe zadania podczas pierwszego kontaktu z produktem;
- efektywność (ang. *efficiency*) – jak szybko obsługują produkt użytkownicy, którzy już się z nim zapoznali;
- zapamiętywalność (ang. *memorability*) – z jaką łatwością użytkownik przypomni sobie obsługę produktu po dłuższej przerwie w kontakcie z nim;
- błędy – jak często się je popełnia i czy użytkownik potrafi sobie sprawnie z nimi poradzić;
- satysfakcja – na ile produkt zadowala, jak bardzo jest przyjemny w korzystaniu.

1.3.1. Użyteczność, funkcjonalność, usability – terminologia

Ponieważ pojawiają się pewne nieścisłości odnośnie polskiego nazewnictwa, warto poświęcić temu zagadnieniu parę zdań. Tłumaczenia wybranych pozycji anglojęzycznych stosują słowo „funkcjonalność" w znaczeniu *usability* [Nielsen 1998]. Określenie „użyteczność" jest konsekwencją chęci upodobania nomenklatury polskiej do angielskiej, wprawdzie może być też tłumaczeniem angielskiego słowa *utility* [King 2003]. Słowo „funkcjonalność" jest często rozumiane jednakże jako objaśnienie ilości opcji, funkcji czy innych możliwości programu lub strony internetowej, natomiast „użyteczność" jako prostota wykorzystywania tych funkcji. Pojęcie „użyteczność" bywa stosowane zamiennie z „doświadczeniem użytkownika" (ang. *user experience*), jednakże w przeciwieństwie do *user experience* zawiera w sobie jedynie te elementy interakcji z produktem, tyczące się bezpośredniego korzystania z niego.

1.3.2. Określenie celów użyteczności

Ogólne cele użyteczności stron internetowych można zawrzeć w czterech następujących punktach:

- Przedstawienie informacji użytkownikowi w sposób jasny i zwięzły.
- Naprowadzenie użytkownika na poprawne rozwiązania, w bardzo oczywisty sposób.
- Wyeliminowanie wszelkich dwuznaczności dotyczących konsekwencji jakichkolwiek działań, na przykład wybierania opcji *Usuń*/ *Anuluj*/ *Kup*.
- Umieszczenie najważniejszych rzeczy we właściwym miejscu na stronie WWW.

W internetowej książce *Web style guide* [2009] autorzy Patrick J. Lynch i Sarah Horton określają podstawy uniwersalnego projektowania (ang. *Universal design*). Reguły te mają zastosowanie w środowisku Internetu, wyznaczając cele projektowania skoncentrowanego na użytkowniku.

Reguła 1. Słuszne użycie

Projekt jest użyteczny i nadający się do sprzedaży dla ludzi ze zróżnicowanymi umiejętnościami. Istotnym jest, by użytkownicy mogli na różne sposoby posługiwać się danym narzędziem. Środowisko wirtualne da się znacznie lepiej przystosować aniżeli fizyczne. Jedna książka nie może służyć odmiennym czytelnikom, ze względu na ograniczenia, jakie niosą z sobą drukowane kartki papieru. Inaczej jest w przypadku książki elektronicznej (tzw. *e-book*), którą się dostosowuje: widok można powiększyć bądź zmniejszyć, zmienić kolorystykę, skopiować, wydrukować, skorzystać z opcji czytania na głos.

Reguła 2. Elastyczność w użyciu

Projekt powinien uwzględniać szeroki zakres indywidualnych preferencji i umiejętności użytkowników. Kluczowym staje się zatem umożliwienie wyboru metod korzystania z danej witryny. Strona WWW jest łatwo adaptowalna z natury, użytkownicy mogą zatem dokonać wyboru platformy, oprogramowania oraz ustawień. Wybór ten przykładowo dotyczy widoku strony internetowej: wyświetlania grafiki czy różnego układu elementów strony oraz kroju czcionki. Odzwierciedlają to poniższe zrzuty ekranu:

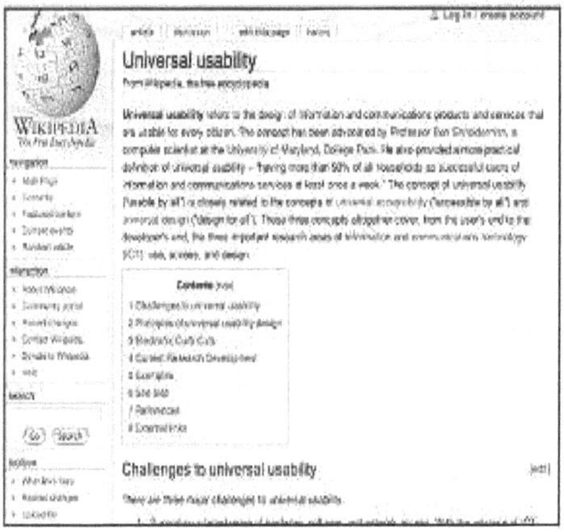

a) standardowy widok

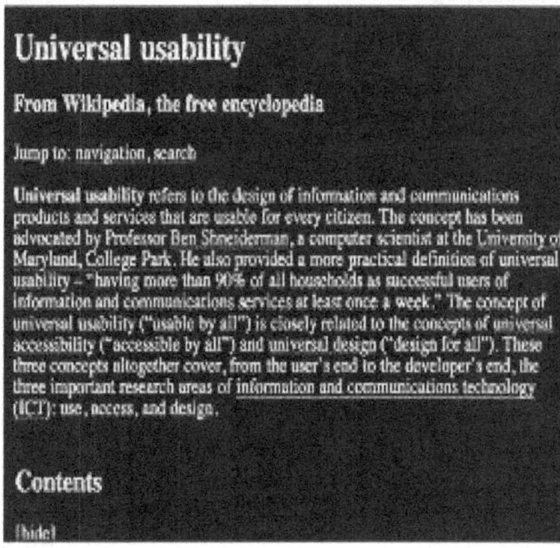

b) sam tekst i kontrast

c) powiększony widok

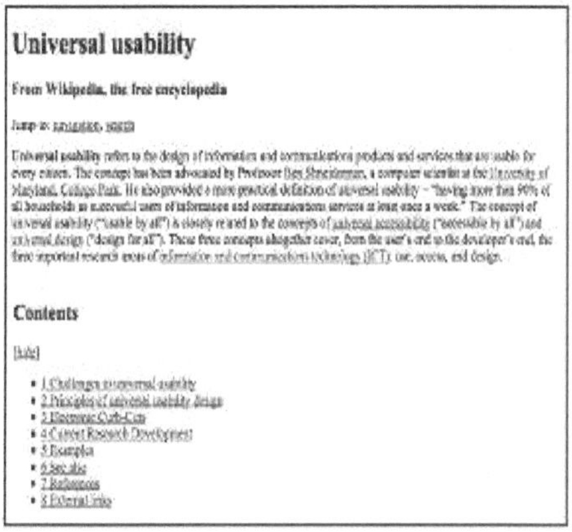

d) widok bez stylu

Rysunek 1: Elastyczność i kontrola, jaką użytkownik sprawuje nad przystosowaniem widoku strony, by odpowiadała jego potrzebom.

Reguła 3. Łatwe i intuicyjne użycie

Sposoby „poruszania się” po stronie internetowej są zrozumiałe, niezależnie od doświadczenia użytkownika, posiadanej wiedzy, umiejętności językowych czy stopnia koncentracji. Zasadniczą kwestią jest wyeliminowanie zbędnych zawiłości i rozlokowanie informacji zgodnie z ich istotnością. Większość stron internetowych posiada niski współczynnik “sygnału do szumu”, gdzie znaczną część strony poświęca się na informacje dotyczące reklam oraz nawigacji. Dlatego prostota i bezpośredni dostęp do ważnych elementów oraz informacji jest nieodzowne w skutecznej strategii projektowania.

Reguła 4. Zauważalna informacja

Projekt strony efektywnie przekazuje wymagane informacje użytkownikowi, bez względu na warunki otoczenia lub sensoryczne zdolności użytkownika. Zastosowanie różnych sposobów prezentacji informacji jest podstawową kwestią. Istotne elementy strony można przestawić w postaci obrazów, akustycznej bądź czuciowej, a także zapewnić kompatybilność z rozmaitymi urządzeniami, które służą ludziom posiadającym ograniczenia w obiorze informacji z określonych modalności sensorycznych. Ponieważ treść strony WWW jest odczytywana elektronicznie, może być dopasowana do różnych kontekstów. Na przykład, tekst jest dostępny dla ludzi niewidomych, ponieważ oprogramowanie „czyta" go na głos. Obecnie technologie sieciowe zapewniają ekwiwalenty tekstu dla nietekstowych pozycji, takie jak ALT-tekst[10] dla obrazów, nagłówki dla elementów dźwiękowych czy dźwiękowy opis dla plików video.

1.4. Dobre praktyki tworzenia stron WWW – projektowanie zorientowane na użytkownika

1.4.1. Proces projektowania strony WWW zorientowanej na użytkownika

Według autora publikacji *Projektowanie zorientowane na użytkownika* [2009] Mirosława Prywaty opracowanie strony internetowej skoncentrowanej na użytkowniku wiąże się z zaplanowaniem i myśleniem o użyteczności w trakcie całego procesu. Fundamentalnym staje się przeniesienie siły ciężkości z produktu na użytkownika, co wypływa z właściwych relacji: strona WWW jest przeznaczona dla użytkownika, a nie użytkownik dla strony. Etap projektowania jest odpowiednim momentem na to, by rozważyć wszelkie aspekty użytkowe. W trakcie niego zapadają najważniejsze decyzje, które potem – w procesie opracowania strony oraz testowania – mogą się okazać trudne do poprawienia lub nieść za sobą znaczne

[10] ALT (tekst alternatywny) – prezentuje krótki opis zdjęcia.

koszty. Ważnym elementem zatem jest przeprowadzenie analizy potrzeb i możliwości użytkownika.

Istnieją standardy ISO, które co prawda definiują szczegółowo, co należy uczynić w procesie projektowym, nie precyzują jednakże sposobu, w jaki to powinno zostać wykonane w danym przypadku. Podstawowe założenie obejmuje koncentracje na użytkowniku i kontekście, w jakim używa on strony internetowej oraz iteracyjny przebieg projektowania i tworzenia strony. Proces ten prezentuje poniższy rysunek.

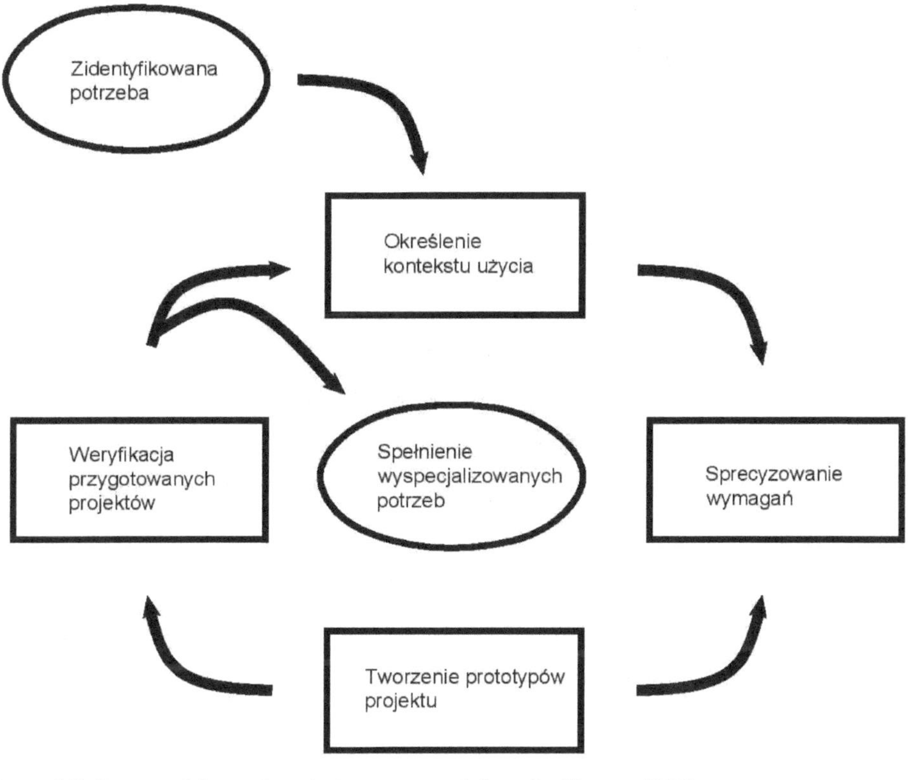

Rysunek 2: Proces projektowania zorientowanego na użytkownika [Prywata 2009].

Na wejściu procesu znajduje się zidentyfikowana potrzeba, która leży u podstaw w projektowania strony internetowej. Faza ta zapoczątkowuje iteracyjne powstawanie projektu. Prywata wymienia cztery kroki składające się na przebieg procesu.

1) Określenie kontekstu użycia.

2) Sprecyzowanie wymagań.
3) Tworzenie prototypów.
4) Weryfikacja gotowego projektu.

Powtarzanie tych etapów następuje iteracyjnie, aż do momentu spełniania przez stronę opracowanych wcześniej założeń. Iteracyjny proces wytwarzania zakłada, że z każdym kolejnym przejściem cyklu do aplikacji dokładana się kolejne, bardziej szczegółowe elementy, aż do uzyskania wymaganego stopnia.

Omawiając pokrótce każdy z kroków projektowych, etap pierwszy (określanie kontekstu użycia strony WWW) wiąże się z udzieleniem odpowiedzi na następujące pytania:

- Kto? – pytanie dotyczące charakterystyki użytkownika, jego wiedzy oraz jego zdolności do przyswojenia obsługi nowopoznanej witryny.
- Po co? – pytanie o cele korzystania ze strony WWW przez użytkownika, o jego oczekiwania.
- Skąd? – pytanie o pochodzenie użytkownika, precyzyjniej ujmując o przeszłe doświadczenia, które mogą pomóc w określeniu możliwości użytkownika w zakresie obsługi strony internetowej.
- Gdzie? – pytanie o kontekst, tj. sytuacje, w których użytkownik odwiedza daną stronę.
- Co? – odpowiedź na to pytanie pozwala na stworzenie dychotomii między zadaniami, które powinien wykonać użytkownik w trakcie korzystania ze strony, a funkcjami realizowanymi przez samą stronę.

Na podstawie zgromadzonego materiału, czyli profilu użytkownika, precyzuje się wymagania. Następnie wykonuje się wstępny szkic strony, zawierający podstawową funkcjonalność. Warto opracować zarys graficzny na papierze, by potem posługiwać się nim w toku fazy weryfikacyjnej.

Faza weryfikacji posiadanego zbioru propozycji wyglądu strony WWW odbywa się przy udziale docelowych użytkowników. Wybrane metody badania użytkownika zostaną przedstawione w dalszym podrozdziale. Przeprowadzane są po to, by tworzenie projektu nie opierało się na wyobrażeniach twórcy, lecz na opinii docelowego odbiorcy. To użytkownik, dzięki swoim doświadczeniom, podejmuje finalne decyzje co do kształtu strony internetowej. Krok ewaluacji poszczególnych rozwiązań kończy iteracje. Powtarza się je do chwili, gdy projekt strony osiągnie poziom odpowiadający początkowym założeniom.

Proces tworzenia strony internetowej zorientowanej na użytkownika zdaje się z jednej strony nie nastręczać większych problemów, niemniej z drugiej odbiega od tradycyjnego nastawienia, w którym dopiero po powstaniu strony dokonuje się badań z użytkownikami. Likwidowanie wtedy dostrzeżonych błędów może się okazać niezwykle uciążliwe i wiązać się ze nakładem dodatkowych kosztów.

1.4.2. Dobre praktyki projektowe

Projektowanie stron WWW nie podlega wystandaryzowanym metodom. Na temat przejrzystego i czytelnego interfejsu powstają coraz to nowsze, obszerne książki. Wiele porad zwartych w tych pozycjach jednak się powtarza. By przytoczyć wszystkie, można by napisać odrębną pracę, dlatego niniejsza praca obejmuje obszarem zainteresowania pewne niesformalizowane reguły projektowania zorientowanego na użytkownika (można im nadać miano dobrych praktyk), które zostały spisane przez kilku autorów.

Jednym z pierwszych badaczy próbujących usystematyzować zasady projektowania nakierowanego na użytkownika był Jacob Nielsen, który spisał dziesięć reguł [Nielsen 2005] mających na celu ocenę projektu interfejsu pod kątem odbiorcy, jakim jest użytkownik strony internetowej. Kierując się tymi zasadami, projektant zapewnia przyjazny widok strony, będący nieskomplikowany w odbiorze. Określane są pojęciem „heurystyki", gdyż wynikają one bardziej z doświadczenia, aniżeli stanowią konkretne wytyczne funkcjonalnego projektowania.

1) **Widoczność statusu systemu**

   System powinien informować użytkownika na bieżąco o jego operacjach w toku, dzięki odpowiedniej informacji zwrotnej dostarczonej w rozsądnym czasie. W przypadku strony internetowej, zadanie to można odnieść do wielu różnych elementów i funkcji. Strona powinna informować użytkownika, o miejscu w którym się znajduje, na przykład dzięki odpowiednim nagłówkom (np. uwypuklony element menu) czy ścieżce nawigacyjnej, która ukazuje hierarchie serwisu.

Rysunek 3: Ścieżka nawigacyjna na stronie banku.

2) **Zachowanie zgodności między systemem a rzeczywistością**

System powinien posługiwać się językiem użytkownika, słowami, zwrotami znanymi użytkownikowi. Zastosowanie konwencji językowych świata rzeczywistego jest bardziej zrozumiałe, aniżeli komunikaty zorientowane na system. Najszybciej odbierane są komunikaty naturalne i pojawiające się w logicznej kolejności. Poza konwencjami językowymi istnieją także te graficzne, które nie powinny kolidować z wcześniejszymi doświadczeniami użytkownika. Chociażby, chcąc zastosować na stronie przycisk, który pełni funkcje powrotu do strony głównej, powinien on przedstawiać domek – symbol ten jest rozpoznawalny przez większość internautów.

3) **Pełna kontrola i wolność użytkownika**

O ile użytkownik nie może i nawet nie powinien mieć kontroli nad każdym elementem serwisu, o tyle powinien mieć zupełną kontrolę nad wykonywanymi operacjami. Użytkownicy często wybierają omyłkowo pewne opcje; w tym momencie zawsze powinni być zaopatrzeni w „wyjście ewakuacyjne”, by porzucić daną opcję. Dlatego tak ważne jest wspieranie funkcji *Wstecz* i *Powtórz* na każdym etapie działań użytkownika ze stroną. Dobrym tego przykładem jest wycofanie niechcianego produktu z „koszyka" sklepu internetowego – operacja musi być tak mało skomplikowana, jak samo dodanie produktu do koszyka.

4) **Zachowanie standardów i spójności**

Po pierwsze użytkownik nie powinien się zastanawiać, czy różne słowa, operacje na stronie oznaczają to samo, czy też nie. Projektanci muszą przestrzegać spójności konwencji na danej platformie – podstrona nie może znacznie różnić się od pozostałych. Co więcej, istnieją pewne ogólne niepisane standardy Internetu, którymi powinien się kierować każdy projektant strony WWW. Karwatka [2012] podkreśla, że sporo konwencji zaciągniętych jest ze świata realnego, w dużej mierze z prasy, co sprawia że używanie ich na stornie zdaje się być przydatne. Mimo niechęci projektantów w kierunku schematycznego działania, to umieszczanie określonych elementów w standardowych miejscach na stronie upraszcza ich odnalezienie. Przykłady konwencji, jakie wyżej wspomniany autor przytacza w swoim kursie użyteczności:

- logo portalu w lewym górnym narożniku;
- podkreślenie odnośnika;
- zmiana koloru odnośników już odwiedzonych;
- termin „koszyk" stosowany przez handel internetowy.

5) **Zapobieganie błędom**

Jeszcze lepszym rozwiązaniem niż odpowiednio przekazane powiadomienie o błędzie, jest staranny projekt strony, który po pierwsze uniemożliwia wystąpienie błędu. Wszelkie możliwości dokonania niepoprawnej operacji powinny zostać wyeliminowane, w najgorszym przypadku warto poprosić użytkownika o potwierdzenie zrealizowania operacji. Jeśli doprowadzenie danej operacji do końca może prowadzić do błędu, projektant powinien rozważyć dezaktywację takiej funkcji.

6) **Rozpoznawanie zamiast przypominania**

Pamięć użytkownika nie powinna być absorbowana zapamiętywaniem natłoku informacji. Można temu zapobiec przez tworzenie widocznych elementów, operacji, funkcji na każdym kroku, jaki użytkownik wykonuje na stronie. Dopuszczenie do sytuacji, w której użytkownik powraca do poprzedniego widoku strony w celu przypomnienia sobie wcześniej widzianej informacji, niedobrze świadczy o walorach użytkowych danego portalu. Instrukcje korzystania z systemu powinny być widoczne lub łatwo odzyskiwane, ilekroć zachodzi taka potrzeba.

7) **Efektywność i elastyczność w użyciu**

Dyskretne wspomaganie iteracji – niewidoczne dla nieobytych użytkowników – może często przyspieszyć wykonywanie pewnych operacji przez doświadczonych użytkowników (np. posiadających swoje konto na danej stronie WWW), dzięki czemu funkcjonalność strony zaspokaja zarówno potrzeby jednych, jak i drugich. Istotnym jest zapewnienie użytkownikowi możliwości personalizacji elementów portalu.

8) **Umiar i minimalistyczny wygląd**

Tendencja do wyposażania okien dialogowych w nieistotne lub mało przydatne informacje z pewnością nie sprzyja łatwości odbioru strony przez użytkownika. Każda dodatkowa porcja treści „rywalizuje" z istotną częścią przekazu oraz znacznie ogranicza jej względną widoczność. Poniższy przykład dwóch wyszukiwarek prezentuje duży rozdźwięk pomiędzy minimalistycznym projektem, a natłokiem treści.

Rysunek 4: Minimalizm oraz obfitość treści na przykładzie dwóch wyszukiwarek internetowych.

9) **Pomoc użytkownikowi w rozpoznaniu, zdiagnozowaniu i naprawie błędów**

Komunikaty o błędzie powinny być wyświetlane w nieskomplikowanym języku, niezawierającym w sobie technicznych sformułowań czy akronimów, dokładnie wskazywać na zaistniały problem oraz sugerować konstruktywne rozwiązanie.

10) **Pomoc oraz dokumentacja**

Pomimo, że najlepiej zaprojektowane serwisy internetowe mogą być wykorzystywane bez wszelkiej pomocy czy dokumentacji, czasami dostarczenie odpowiedniej pomocy okazuje się niezbędne. Informacje pomocy powinny być łatwo odnajdywane, ściśle tyczące się działania użytkownika oraz zawierać katalog konkretnych kroków, które mogą być podjęte w razie problemów w obsłudze strony WWW. Powszechnie występującą formą pomocy na stronach internetowych są *FAQ* (ang. *Frequently Asked Questions*), czyli najczęściej zadawane pytania przez użytkowników [Nielsen 2005].

Dobrze zaprojektowana strona WWW powinna uzyskać pozytywny wynik w teście Kruga [2006], który każdy użytkownik ma możliwość przeprowadzić na sobie.

Obojętnie, na jakiej podstronie serwisu znajduje się użytkownik, powinien on bezzwłocznie udzielić odpowiedzi na następujące pytania:

- Co to jest za witryna? (pytanie o znak rozpoznawczy witryny)
- Na jakiej stronie się znajduję? (pytanie o nazwę strony)
- Jakie występują główne kategorie?
- Jakie posiadam opcje wyboru na tym poziomie struktury witryny?
- Gdzie znajduje się w relacji do całej struktury serwisu WWW?
- Jakim sposobem mogę na niej znajdować informacje?

1.5. Podstawowe błędy w projektowaniu stron internetowych

W trakcie powstawania stron internetowych zorientowanych na użytkownika można popełnić liczne błędy, które w efekcie wpływają niekorzystnie na użyteczność samej strony WWW. Zasadniczo można je pogrupować na dwie kategorie: uchybienia w trakcie samego projektowania zorientowanego na użytkownika i te, występujące w interfejsie strony internetowej oraz sposobie jej działania.

Mark Hurst w swoim artykule *The top 8 mistakes in usability (and companies investing in it)* [2008] opisuje pierwszą kategorię błędów, dotyczącą etapu projektowego.

- Nieuwzględnienie w procesie tworzenia witryny potrzeb i kontekstu działania odbiorcy, co zupełnie zaprzecza paradygmatowi zorientowania na użytkownika.
- Kierowanie się wymyślonym, a nie realnym profilem użytkownika, podczas tworzenia witryny, co zdarza się, gdy zaniecha się badań z użytkownikiem i samemu precyzuje się potrzeby klienta. Ponadto, badając grupy heterogeniczne zdarza się, że otrzymane wyniki podlegają uśrednieniu, czego skutkiem są preferencje, niekorespondujące z żadną z podgrup.
- Przeprowadzenie nieadekwatnego rodzaju badań użyteczności. Efektem nieodpowiedniego doboru typu badań jest wynik, nieokreślający rzeczywistej

użyteczności serwisu WWW. Przykładem takiego niedopasowania są powszechne badania fokusowe, w trakcie których nie zawsze użytkownicy odpowiadają na stawiane pytania. Niekiedy lepszym rozwiązaniem okazuje się zwykła obserwacja badanych podczas ich codziennej pracy ze stroną internetową. Dzięki nagraniom, na których użytkownicy wykonują pewne czynności, można zidentyfikować elementy witryny wymagające ulepszenia.

- Niezaangażowanie typowego użytkownika w proces testowania użyteczności, na skutek czego nie uzyskuje się zastrzeżeń do powstającej strony WWW. Angażowanie użytkownika w badanie nie musi się jednakże odbywać na etapie wszystkich iteracji, lecz jedynie tych, które są kluczowe dla działania strony w sieci, gdzie podejmuje się nadrzędne decyzje.
- Niewyznaczenie priorytetów względem zastrzeżeń sygnalizowanych w ciągu badania prototypu strony internetowej. Nieuwzględnienie tychże pociągnie za sobą koncentracje na kwestiach mniej istotnych z konsumenckiego punktu widzenia.

Drugą grupą błędów przy tworzeniu stron WWW są te, związane z technologią ich opracowania. Lista zaprezentowana poniżej [Nielsen 2011], wymienia niektóre z nich, a które wpływają na obiór przeglądanych stron.

- **Złe wyszukiwanie**
  Wyszukiwanie na stronie narzuca konieczność wpisania przez użytkownika precyzyjnego terminu.
- **Pliki PDF do czytania online**
  Zamieszczanie na stronie Web plików w formacie PDF (ang. *Portable Document File*). Dokumenty PDF przeznaczone są w dużej mierze do druku w układzie pionowym, tymczasem układ ekranu monitora jest poziomy.
- **Niezmienianie koloru odwiedzonego linku**
  Brak rozróżnienia między odnośnikami stron odwiedzonych a nieodwiedzonych doprowadza do zagubienia się użytkownika, albowiem musi

zapamiętać, które elementy już przejrzał, licząc się z niejednokrotnym powracaniem do obejrzanych wcześniej treści.

- **Tekst trudny do „przeskanowania"**
  Umieszczanie obszernych bloków tekstu, niezawierających wyróżnień, podrozdziałów, akapitów itp. Treść zaprezentowana w takiej formie jest uciążliwa do czytania na ekranie monitora – użytkownik podczas przewijania widoku strony, nieustannie „gubi" treść, którą przeglądał.
- **Niezmienny rozmiar widoku strony**
  Uniemożliwienie użytkownikowi dostosowanie rozmiaru czcionki na swoje potrzeby, jedynie używając z góry narzuconej wielkości. Przeszkodą w dopasowaniu widoku strony internetowej są w szczególności animacje Flash, których nie sposób skalować zgodnie z wymiarami ekranu.
- **Tytuły stron nieodnajdywane przez wyszukiwarki internetowe**
  Tytuły nadawane stronom Web, które w niewielkim stopniu związane są z jej treścią, przez co wyszukiwarki internetowe przyporządkowuje im inne konotacje. Warto mieć na uwadze, że wyszukiwarka należy do najczęstszych narzędzi docierania do poszczególnych stron.
- **Treść strony przypominająca reklamę**
  Ludzka selektywna uwaga nauczyła się ignorować treści wyglądające jak reklamy, podczas przyswajania informacji. Jeśli projektant ma zamiar przykuć uwagę użytkownika do danej treści, nie powinien jej prezentować w formie przypominającej baner, ruchomy element itp.
- **Naruszanie konwencji projektowych**
  Niestosowanie się do powszechnie występujących konwencji projektowania interfejsu, takich jak układ strony, wygląd przycisków, powoduje dezorientacje korzystającego ze strony internetowej, który oczekuje przewidywalnego wyglądu interfejsu, co zapewnia mu poczucie kontroli nad swoimi działaniami w Internecie.
- **Otwieranie kolejnych okien stron**

Otwieranie się coraz to nowych okien zamiast przechodzenia do nowych kart w otwartym oknie, budzi w użytkowniku m.in. skojarzenia z reklamami oraz niebezpiecznym oprogramowaniem, co stawia odbiorcę w niekomfortowym położeniu, gdzie traci on panowanie nad swoim komputerem.

- **Nieudzielanie odpowiedzi na pytania użytkownika**

  Nie odpowiadanie na pytania użytkownika, lecz na te, które oczekuje się, że zostałby zadane przez niego. Przykładowo, zdarza się, iż *FAQ* nie odpowiadają na prawdziwe wątpliwości użytkownika.

Widoczne jest zatem, że przy projektowaniu strony Web nie można pominąć obydwu aspektów – ani tych na poziomie procesu projektowego, ani błędów popełnianych przy konstrukcji elementów technicznych, będących nieodzowną częścią projektu.

1.6. Badania użyteczności – opis przykładowych metod

Wielość metod badania użyteczności wymagałaby napisania kolejnej obszernej pracy charakteryzującą każdą z nich. Niektóre bazują na danych pozyskanych od użytkowników, inne z kolei opierają się na opiniach ekspertów użyteczności. Metody oceniające użyteczność występują na każdym etapie projektowania i rozwoju strony internetowej, od koncepcji do finalnych modyfikacji projektowych. Wybór metody zależy głównie od przewidzianych kosztów, ograniczeń czasowych i odpowiedniości danej metody.

Wybrawszy metodę, badacz przystępuje do tworzenia scenariusza testu użyteczności, co jest jednym z najistotniejszych elementów badań. Od sformułowanego zadania zależy jego poprawne wykonanie przez użytkownika, ale również wnioski, jakie będzie można wysnuć. W tej pracy autorka skupia się na opisie kilku rodzajów zadań w testach użyteczności [Travis 2010], które przeznaczone są dla finalnego użytkownika. Każde z nich ma na celu zbadanie odmiennego typu aktywności, dostarczając inne informacje. Zaleca się, by w jednym scenariuszu testowym użyć kilku typów zadań, a w miarę możliwości każdy z nich, gdyż w ten sposób zwiększa się rozpiętość otrzymanych wniosków.

- **Przeszukiwacz** (ang. *scavenger hunt*)
  Te zadania wymagają od użytkownika odnalezienia precyzyjnie podanych informacji. Sformułowanie zadania nakierowuje na jedną właściwą odpowiedź. Polecenie takie weryfikuje możliwości użytkownika do wykonania konkretnego zadania, zatem warto jednocześnie dokonać pomiaru czasu jego wykonania.
  Przykładowo, na stronie Web sklepu meblowego zadanie brzmi następująco: *Stałeś się ostatnio posiadaczem kompletu mebli salonowych z linii Casual. Nie posiadasz jednak szafy, ponieważ pierw planowałeś zmierzyć wnękę, w której chcesz wstawić mebel. Wymiary szafy to: 95 cm szerokości i 58 cm głębokości.* ***Która szafa będzie pasować do kompletu twoich mebli i mieścić się w wymiarach wnęki?***
- **Odwrócony przeszukiwacz** (ang. *reversed scavenger hunt*)
  Zadania te polegają na zaprezentowaniu użytkownikowi elementu, jaki ma znaleźć na portalu, przykładowo obraz przedmiotu. Zwłaszcza przydają się w sytuacjach, gdy badacz nie ma zamiaru podpowiadać nazw i pojęć, z których można skorzystać. Tym sposobem sprawdzamy nie tylko rozwiązanie zadania przez użytkownika, ale również sformułowania, jakie stosuje.

  Kolejny przykład zadnia, z posłużeniem się internetowym sklepem meblowym:
  Urządzasz pokój dla dziecka. Szukasz mebli takiego typu, jak zamieszczone na zdjęciu. ***Dowiedz się, ile kosztują.***

- **Autogeniczne zadania** (ang. *self-generated tasks*)
  Zanim rozpocznie się wykonywanie zadań, pyta się użytkownika o jego oczekiwania względem strony WWW. Następnie nawiązując do wypowiedzi użytkownika, stawia się mu zadanie, związane z celem, jaki sam sobie obrał. Zadaniem moderatora jest poprzez rozmowę wypracowanie jak najbardziej realistycznego polecenia. Korzyścią tego typu zadań jest odkrywanie potrzeb użytkowników, z których twórcy strony mogli nie zdawać sobie sprawy, dlatego ten typ zadań przydaje się, jeżeli nieznane są oczekiwania danej grupy odbiorców.
- **Semi-autogeniczne zadania** (ang. *part self-generated tasks*)
  Scalają one ze sobą zadanie przeszukiwacza i zadanie autogeniczne. Co prawda to badacz określa główny cel zadania, przy czym do użytkownika należy samodzielne sprecyzowanie szczegółów. Niekiedy prosi się uczestników badań o własny wkład na potrzeby testu. Dobrze obrazującym to przykładem, jest testowanie serwisu społecznościowego z przepisami kulinarnymi, gdzie można poprosić uczestnika o wprowadzenie własnego przepisu do serwisu.
- **Zadania inwestycyjne** (ang. *skin in the game tasks*)
  Warunki testu nie pokrywają się z rzeczywistym działaniem użytkownika w sieci, niezależnie od tego, jak realistyczne się wydają. Gdy użytkownik symuluje np. dokonanie zakupu w sieci, nie skupia się tak intensywnie na wykonywanej czynności, jak w przypadku realnego kupna produktu czy usługi. Sposobem urzeczywistnienia warunków badawczych jest udostępnienie użytkownikowi realnych zasobów do rozdysponowania. Najprościej działania takie można podjąć w wypadku stron e-commerce, poprzez zaopatrzenie osoby testowanej w vouchery na dowolny zakup na stronie Web, dzięki czemu można dokonać realnego zakupu.
- **Rozwiązywanie problemów** (ang. *troubleshooting tasks*)
  Polecenia dotyczące rozwiązania problemów narzuca konieczność zainscenizowania sytuacji problemowej – może to być komunikat o

niezgodności danych w profilu użytkownika, o braku danej podstrony czy zawiadamiający o problemie przy wysłaniu formularza. Prosząc osobę badaną o rozwiązanie danego problemu, zapewniamy mu do dyspozycji stronę testową czy wyszukiwarkę internetową. Zaletą tego typu zadań jest usłyszenie pojęć, jakimi użytkownik posługuje się do opisania problemów oraz sprawdzenie efektywności działu pomocy na testowanej stronie. Problemy badawcze, przed jakimi stawia się użytkownika, powinny być jednak odzwierciedleniem tych faktycznych, z którymi boryka się na co dzień przy pracy z danym serwisem internetowym. Modyfikując te zadania, można zlecić użytkownikowi odnalezienie informacji, których brakuje w witrynie. Umożliwia to chociażby sprawdzenie, w jakich miejscach użytkownicy poszukują informacji na przykład o gwarancji na produkt.

Rozdział 2. Badanie użyteczności na przykładzie strony www.itiner.pl

2.1. Opis programu i strony www.itiner.pl[11]

Oprogramowanie itiner w głównej mierze stanowi aplikacja, udostępniająca informacje pasażerską komunikacji miejskiej na telefonach komórkowych. Aplikacja ta nie tylko udostępnia rozkłady jazdy parunastu miast w Polsce i kilku za granicą, ale również planuje całą podróż od początku do końca. Jedną z zalet programu jest możliwość korzystania z większości jego funkcji bez konieczności łączności z Internetem, co nie pociąga za sobą dodatkowych kosztów związanych z transmisją danych. Do funkcji tych należy wyświetlanie rozkładów jazdy, szukanych względem linii bądź przystanku lub wyszukiwanie połączeń między przystankami oraz istotnymi miejscami w mieście (tzw. POI – ang. *Point of Interest*), takimi jak: restauracje, instytucje kulturalne, uczelnie itp. Funkcjonalność tej mobilnej aplikacji poszerza się, gdy użytkownik korzysta z wersji online – pojawia się opcja wyszukania połączenia między konkretnymi adresami. Ponieważ program korzysta z GPS, wyświetla lokalizację użytkownika na mapie, co znacznie ułatwia dotarcie do celu. Ponadto, jeżeli w danym mieście pojazdy komunikacji miejskiej są monitorowane przy użyciu systemu lokalizacji, aplikacja udzieli informacji o rzeczywistym czasie oczekiwania na dany tramwaj czy autobus.

Przeprowadzone badanie użyteczności opiera się na stronie www.itiner.pl, która na celu ma głównie promocje aplikacji mobilnej na telefon komórkowy, choć udostępnia ona również jej wersje na pulpit (tzw. *widget*). Strona zawiera wszelkie informacje o oprogramowaniu, opcje przetestowania na symulatorze oraz, co najważniejsze, możliwość pobrania aplikacji na kilka różnych sposobów.

Zawartość strony dostarcza użytkownikowi informacji, które obejmują przede wszystkim:

---

[11] Portal www.itiner.pl został zlikwidowany na początku 2013 roku.

- krótkie wyjaśnienie, czego dotyczy program itiner;
- film pokazowy, który prezentuje użycie aplikacji w warunkach rzeczywistych;
- symulator, prezentujący komórkę na ekranie monitora, co pozwala na przetestowanie aplikacji przed jej pobraniem i instalacją na telefonie;
- wybór opcji pobrania aplikacji na trzy sposoby różniące się między sobą stopniem trudności oraz kosztami pobrania;
- opcje pobrania wersji aplikacji na pulpit komputera (*widget*);
- symulator *widgetu*, dzięki któremu można go przetestować przed jego pobraniem;
- instrukcję instalacji oprogramowania;
- informacje dotyczące ewentualnej uprzedniej konfiguracji telefonu przed pobraniem aplikacji;
- modele telefonów, na jakich aplikacja działa lub działa, ale z ograniczeniami, bądź w ogóle nie funkcjonuje;
- tzw. *FAQ*, czyli najczęściej zadawane pytania;
- możliwości pozostawienia swojego komentarza na *Forum Opinii i Rad*, do którego odnośnik znajduje się na stronie, gdzie użytkownik może pozostawić swój komentarz dotyczący sugerowanych przez niego zmian w funkcjonalności czy wyglądu aplikacji;
- kontakt do twórców projektu itiner, z możliwością wysłania indywidualnego zapytania;
- założenie konta na stronie – tylko zarejestrowany użytkownik jest na bieżąco informowany o aktualnościach za pomocą *newslettera* oraz posiada możliwość pobrania aplikacji zawierającej wcześniej skonfigurowane własne ustawienia, typu: preferowana wielkość czcionki czy sposób wpisywania znaków;
- aktualności, dotyczące głównie nowych wersji programu, jego ulepszeń i wszelkich zmian.

Wraz z sukcesywnie dopracowywaną aplikacją, także na stronie internetowej zachodzą odpowiednie modyfikacje, głównie w dziale Aktualności oraz wydłuża się lista miast, w których można skorzystać z aplikacji itiner. Ze strony można skorzystać w języku angielskim, co świadczy o planach rozwoju i ekspansji oprogramowania itiner poza granice kraju.

2.2. Metoda oraz narzędzie badawcze

2.2.1. Cele badania

Badanie użyteczności przeprowadzono w celu wykrycia obszarów, które mogą stwarzać problemy dla potencjalnego użytkownika serwisu www.itiner.pl. Starano się również odkryć zalety tej strony WWW. W wyniku obserwacji korzystania z witryny przez użytkowników zebrano informacje, które pozwolą poprawić użyteczność strony i zwiększyć poziom łatwości obsługi serwisu.

Elementy, które mogą przyczynić się do powstania problemów przy korzystaniu ze strony skupiają się wokół trzech głównych kategorii:

- funkcjonalności – określa ilość i jakość funkcji, oraz adekwatność ich wykorzystania;
- intuicyjności – odzwierciedla „przyjazność" obsługi strony, odpowiada na pytanie: z jaką łatwością użytkownik porusza się po stronie? Ile czasu zajmuje odnalezienie konkretnej informacji? Czy i jak użytkownik „uczy się" obsługi strony?;
- przejrzystości interfejsu – wyraża się w maksymalnej liczbie elementów na stronie, które nie powodują „zagubienia" użytkownika; wynika to z ograniczonych zasobów uwagowych, jakimi dysponuje człowiek[12];

[12] Powstało bardzo wiele różniących się między sobą teorii uwagi selektywnej (np. model wczesnej selekcji Broadbenta, model późnej selekcji Deutschów), które spierają się miedzy sobą o poziom przetworzenia informacji, na którym dokonuje się selekcja bodźców. Jednak badacze uwagi są zgodni co do ograniczonych zasobów uwagowych oraz, że za duża ilość bodźców sensorycznych dostarczonych jednocześnie powoduje gorszy ich odbiór; tyczy się to również bodźców wzrokowych o których mowa w niniejszej pracy.

* estetyki interfejsu – zdaje się to stanowić mniej istotną kwestię użyteczności aniżeli wyżej wspomniane, aczkolwiek oczywistym jest, że użytkownik woli odwiedzać strony, które mu się zwyczajnie podobają.

O powyższe kategorie użytkownik był pytany w trakcie badania. Dokładny opis metod badania porusza kolejny podrozdział. Przeprowadzenie badania miało na celu wykrycie mocnych i słabych obszarów strony, a także prowadzi do poprawy podstron, pod adresem których padło najwięcej zastrzeżeń ze strony użytkowników w toku całego badania. W kolejnych częściach pracy autorka prezentuje swoje wyniki oraz rekomendacje zmian, które przyczynią się do poprawy obsługi strony przez typowego użytkownika.

2.2.2. Metody badawcze

Większość metod badania użyteczności polega na przeprowadzaniu z użytkownikiem indywidualnego wywiadu. Także tym razem wybór padł na tą metodę. Część wywiadu, o charakterze ilościowym, opierała się na konkretnych pytaniach, co wymagało udzielenia precyzyjnej odpowiedzi, część natomiast posiadająca charakter jakościowy, stanowiła wywiad swobodny (pogłębiony), w którym pytania nie były do końca sprecyzowane, lecz opierały się na luźno sformułowanych problemach, które zostały szeroko omówione z respondentem. W szczególności wymiar jakościowy badania pozwolił na sformułowanie najtrafniejszych wniosków. Badani posiadali zupełną swobodę wyrażania swoich opinii w trakcie całego badania, także podczas zadań ilościowych. Dzięki „myśleniu na głos" można było zaobserwować pierwsze wrażenia użytkownika, które są kluczowe w badaniu użyteczności – w rzeczywistości, jeżeli pierwsze wrażenie będzie negatywne, drugiego można już nie zaobserwować, ponieważ odwiedzający opuści daną stronę. To właśnie treść nieskrępowanych wypowiedzi użytkownika wniosła najwięcej do rezultatów badania. Dla większego komfortu uczestników, każde badanie było przeprowadzane w miejscu ich zamieszkania, gdzie w jego trakcie nie przebywały osoby trzecie, jedynie użytkownik oraz prowadzący wywiad.

Przeprowadzone badanie posiadało dwie wersje: jedną podstawowa, a drugą rozszerzona. Ta druga zwierała dodatkowe zadanie dotyczące jednego z najistotniejszych punktów strony, jakim jest zakładka pobierania aplikacji na komórkę. W wersji rozszerzonej badania uczestniczyła jedynie połowa badanych, gdyż wymagało ono poświęcenia znacznie więcej czasu; badanie mogło trwać nawet dwa razy dłużej, aniżeli w wersji podstawowej. Wersja podstawowa badania trwała średnio 25 minut, rozszerzona 40 minut. Dokładny przebieg oraz wyniki rozszerzonego wariantu przedstawia rozdział trzeci.

Zanim problemy badawcze zostaną dokładnie opisane warto podkreślić, iż nie każdy z nich został sformułowany w formie pytania. Niektóre zostały przedstawione w formie zdania zawierającego problem do rozstrzygnięcia. W badaniu posłużono się typami zadań opisanymi w rozdziale poprzednim, a dokładnie zadaniem autogenicznym, „przeszukiwaczem" oraz „odwróconym przeszukiwaczem". Rolę zadania autogenicznego pełniło polecenie:

Wstępna prośba badacza, by użytkownik zapoznał się jedynie ze stroną główną portalu www.itiner.pl, bez klikania w jakiekolwiek odnośniki. Pytanie stawiane badanemu:

- *Jak myślisz czego dotyczy ta strona? Jakie informacje, elementy oczekiwałbyś/-abyś na niej znaleźć?* Po udzieleniu przez badanego odpowiedzi, ponowna prośba badacza: *Proszę znajdź, któryś z wymienionych przez Ciebie elementów na stronie.*

By wykonanie tego polecenia miało jakikolwiek sens, badany nie powinien mieć wcześniej styczności ze stroną itiner.pl, gdyż chodzi tu o odkrycie pierwszych wrażeń użytkownika. Celem jest dowiedzenie się, czy potrafi on się zorientować „na pierwszy rzut oka", czego dotyczy strona. Użytkownik, który nie może dokonać tego od razu, przy założeniu, że na stronie znalazł się przypadkowo, pominie ją, gdyż może z góry przyjąć, że nie prezentuje ona interesujących dla niego treści, zanim dowie się czego owa strona dotyczy.

Kolejne dwie instrukcje przedstawione były w formie zadania typu „przeszukiwacz". Pierwsze pytanie brzmiało następująco:

- *W jakim miejscu na stronie możesz przedstawić swój komentarz dotyczący sugerowanych przez Ciebie ulepszeń/ wprowadzenia nowych funkcji?*

Zadanie to wymagało udzielenia konkretnej odpowiedzi, przy czym sposoby dojścia do docelowego miejsca, nazwanego *Forum Opinii i Rad* były dwa. Pierwszy wymagał wciśnięcia przycisku *feedback* umieszczonego w lewym rogu strony, który przekierował użytkownika do odpowiedniego okna:

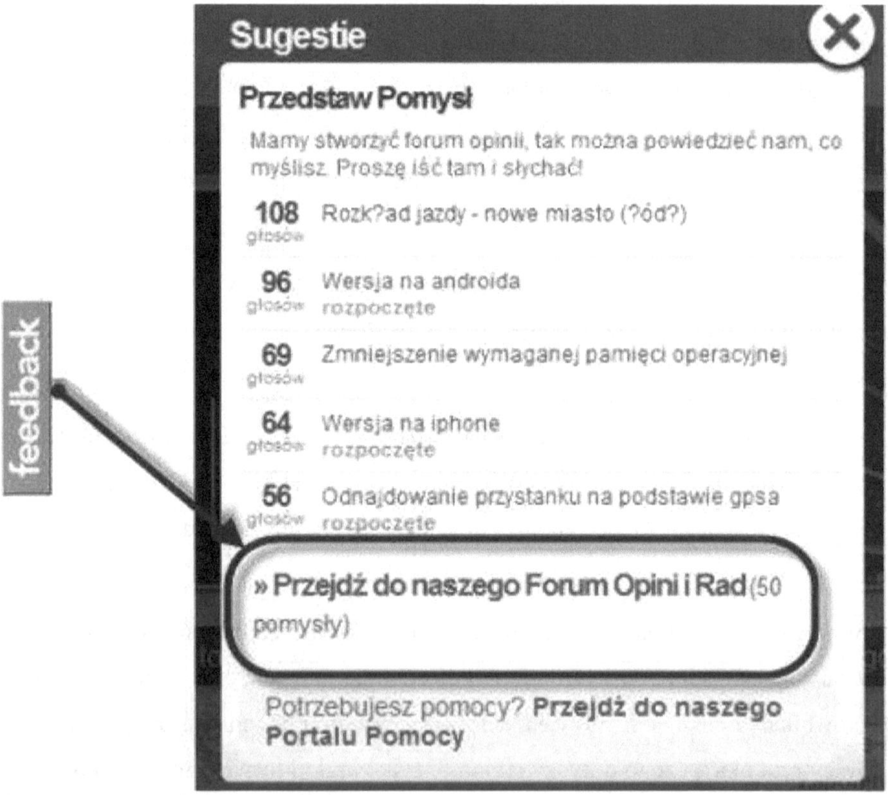

Rysunek 5: Okno z odnośnikiem do forum użytkownika

Drugi natomiast wymagał wejścia do zakładki kontakt i odnalezienie odnośnika *forum do głosowania.* Zadanie to wymagało konkretnej odpowiedzi na zadane pytanie, podczas której mierzono czasy wykonania. Co prawda, włączenie do zadania kryterium czasu nie sprawia, że wnioski staną się wiążące dla kwestii użyteczności[13], nie mniej jednak będą one cenną informacją dla twórcy strony mającą wpływ na poprawę użyteczności.

Instrukcja drugiego zadania „przeszukiwacza” brzmiała:

- *Sprawdź, bez pobierania aplikacji, czy na Twoim telefonie będzie ona działać?*

Zadanie to wymagało odnalezienia z listy rozwijalnej zakładki *Pomoc* odnośnika *Telefony*, po wybraniu którego użytkownik został przekierowany do tabeli prezentującej listę modeli telefonów, które obsługują bądź nie aplikację itiner.

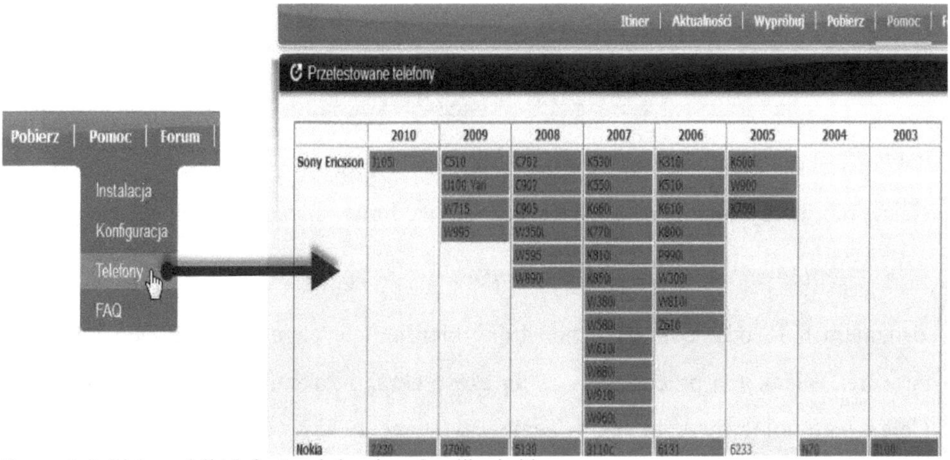

Rysunek 6: Lista modeli telefonów obsługujących aplikację itiner

Celem obydwu powyższych zadań było dowiedzenie się, na ile sprawnie użytkownik odnajduje podstawowe informacje zawarte na stronie. Nowy użytkownik zanim zdecyduje się pobrać aplikacje na telefon musi wiedzieć, czy zadziała ona na jego modelu, a doświadczony użytkownik z pewnością posiada opinie na temat jakości oprogramowania, którą być może chce wyrazić na forum.

Następnie użytkownik wykonywał zadanie o charakterze „odwróconego przeszukiwacza”. Badany dostał do obejrzenia kartkę papieru z poniższym widokiem strony:

[13] Badani stanowią różnorodną grupę, gdzie jedyni są bardziej obyci w poruszaniu się w sieci Web, inni mniej. Stąd wpływ na wykonanie zadania, poza poziomem użyteczności strony, ma wiele innych czynników, jak sprawna obsługa komputera przez użytkownika czy zewnętrzne warunki badania.

[14]

Rysunek 7: Zrzut ekranu jednej z podstron portalu itiner.pl

Następnie, zaczynając ze strony głównej serwisu itiner, badany został poproszony:

- *Spróbuj odnaleźć ten widok podstrony.*

Zadaniem było odszukać daną podstronę kierując się elementami, jakie są na niej zawarte. Widok ten przedstawia dolną część ekranu zakładki *Pobierz→ Na pulpit.* Celem tego polecenia było sprawdzenie, czy elementy zawarte na danej podstronie są zgodne z odnośnikami na stronie głównej, które do nich prowadzą. Każdy użytkownik, jedynie spoglądając na stronę główną i jej menu główne, powinien się dowiedzieć na temat co najmniej elementarnej funkcjonalności strony lub zakładki, która dostarczy mu pożądanych informacji. Takie odwrócone zadanie pozwoli na stwierdzenie, czy rozmieszczenie elementów i informacji na różnych poziomach portalu jest kompatybilne ze stroną główną, czy ogólne rozmieszczenie elementów strony jest spójne i logiczne, co zgodnie z upodobaniami użytkownika, należy do pożądanych cech każdej strony WWW.

---

[14] Na potrzeby tej pracy obraz został pomniejszony. Badani mieli okazje przyjrzeć się większym wymiarom zrzutu ekranu, który zajmował kartkę papieru A4.

Ostatnie zadanie wersji podstawowej badania miało charakter wieloetapowy; zostało nazwane *testem widżetu* (ang. *widget*)[15]. Zaczął się on od następującego pytania:

- *Na jakich urządzeniach można używać itinera?* Gdy badany udzieli poprawnej odpowiedzi, czyli: na telefonie komórkowym i pulpicie komputera, pada polecenie:
- *Pobierz aplikacje na pulpit i sprawdź, o której odjeżdża najbliższy tramwaj linii nr 2 z przystanku Żeromskiego w kierunku Dębca.*

W swojej złożoności zadanie to posiadało poniekąd charakter „przeszukiwacza", gdyż wymagało od użytkownika odnalezienia konkretnych informacji. Pierwsza jego część miała na celu sprawdzenie, czy użytkownik, będąc już bogatszym o pierwsze doświadczenia w obcowaniu ze stroną, odkrył jedną z podstawowych informacji, którą jest działanie aplikacji itiner nie tylko na telefonach komórkowych, ale również na monitorze komputera. Druga cześć polegała na wykorzystaniu posiadanych informacji w praktyce, tzn. skorzystaniu z widgetu poprzez znalezienie rzeczywistego połączenia komunikacji miejskiej. Kroki, jakie musiał wykonać badany, by udzielić prawidłowej odpowiedzi na pytanie były następujące:

1) Wybrać z listy miasto Poznań.
2) Według przystanku (Żeromskiego) bądź linii nr 2 (w stronę Dębca) odszukać odjazd tramwaju.

[15] Jest to niewielki program, który uruchamia się na pulpicie, najczęściej łączy się z Internetem i przedstawia konkretne informacje. Nieraz, np. w prasie komputerowej, tłumaczy się tę nazwę jako *wihajster*.

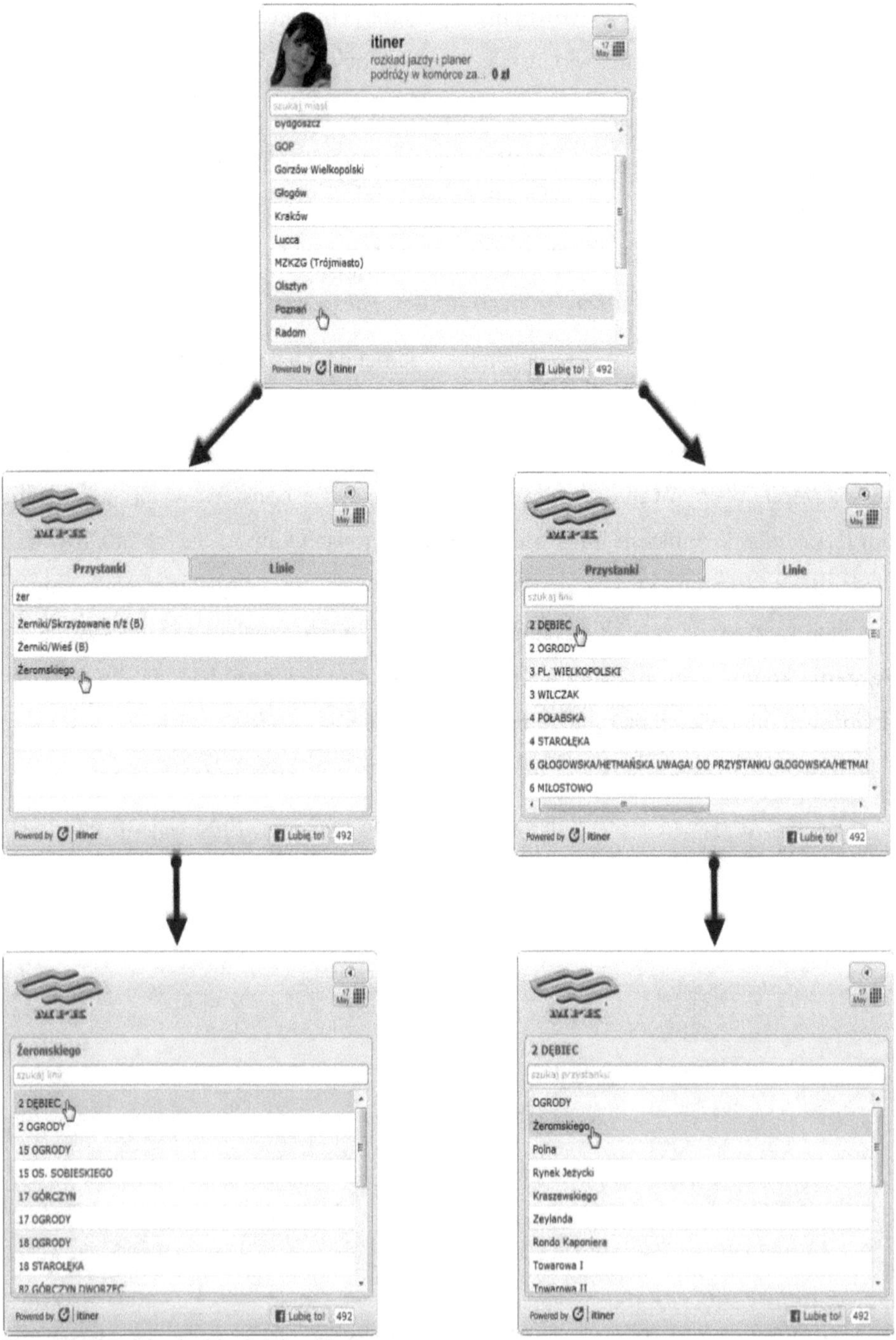

Rysunek 8: Kolejne kroki w teście widgetu

Gdy osoby badane wykonały polecenie, zostały dodatkowo zapytane o jego rezultat, a dokładnie o zrozumienie treści zobrazowanej w oknie widgetu, którą prezentuje rysunek 9:

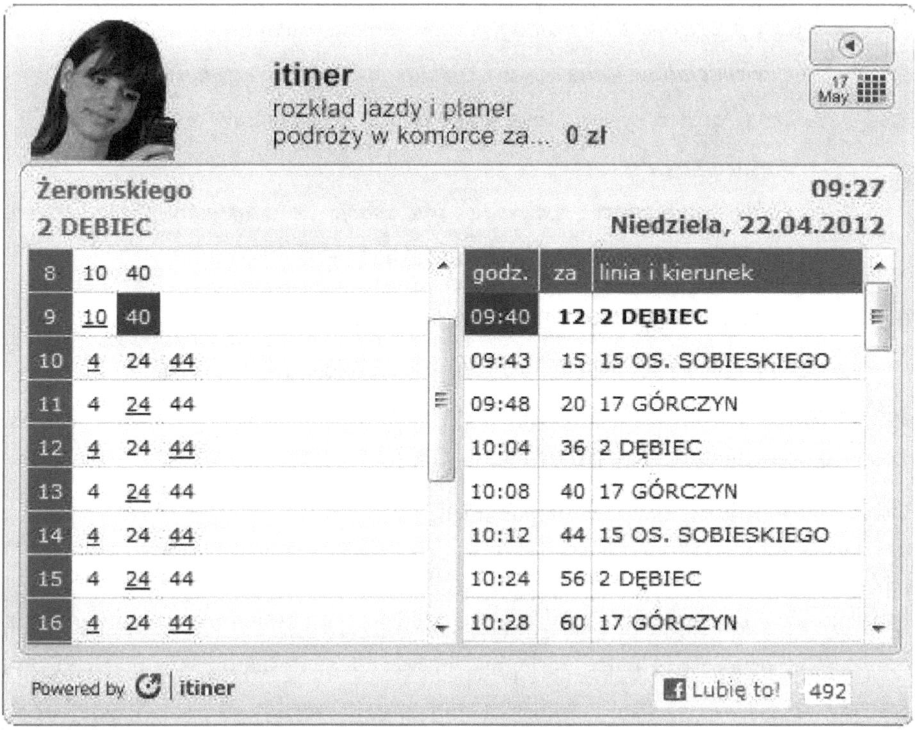

Rysunek 9: Rozkład jazdy i najbliższe odjazdy przykładowej linii w oknie widgetu

Cel powyższego zadania skupia się na praktycznym użyciu dostępnych podstawowych funkcji strony. Szczególną uwagę zwrócono na problemy, jakie napotkali użytkownicy przy korzystaniu z widgetu. Pytanie o zrozumiałość zawartości ekranu wersji aplikacji itiner na pulpit zachęciło badanych również do wyrażenia swojego zdania na temat jego ewentualnych ulepszeń, by poprawić czytelność.

Rozszerzona wersja wywiadu z użytkownikiem objęła krótką instrukcje dla użytkownika o treści:

- *Spróbuj pobrać aplikację itiner (wersje na telefon komórkowy). Wybierz przy tym najkorzystniejszy dla Ciebie sposób pobierania.*

Po wykonaniu przez użytkownika zadania padły dodatkowe pytania:

- *Czy podstrona pobierania jest dla Ciebie zrozumiała?*
- *Czy zmieniłbyś/-abyś coś w niej? Jak tak, to jakie elementy?*
- *Jak sądzisz, jakie informacje/elementy powinny być zawarte na podstronie „Pobierz"?*
- *Gdzie znajdziesz wszystkie informacje o dostępnych sposobach instalacji? Czy są one dla Ciebie jasne?*

Dodatkowe pytanie w badaniu skupiło się w całości na podstronie *Pobierz→ Na komórkę*, która stanowi elementarny obszar strony, gdyż to tu trafi każdy użytkownik, który zechce skorzystać z aplikacji itiner. Dlatego tak ważny jest jej przejrzysty i zrozumiały dla użytkownika wygląd.

By wykonać to zadanie użytkownik powinien:

1) skierować się do podstrony *Pobierz→ Na komórkę.*
2) rozważyć dostępne opcje pobierania, wiedząc, jaki system operacyjny posiada telefon użytkownika. By zasięgnąć informacji o dostępnych opcjach można skorzystać z przycisków informacyjnych umieszczonych obok każdej opcji pobierania – kliknięcie ich powoduje pojawienie się odpowiednich informacji w prawej części ekranu. Druga możliwość wymaga przejścia do zakładki *Pomoc→ Instalacja*, gdzie użytkownik, dowie się o każdym z trzech sposobów instalacji aplikacji.
3) Wybrać najkorzystniejszą dla siebie opcje instalacji z trzech dostępnych: poprzez wysłanie SMS, bezpośrednio na telefon (poprzez wpisanie odpowiedniego adresu WWW w oknie przeglądarki komórki) lub pobrać

aplikację najpierw na komputer, później przesłać ją przy pomocy łącza Bluetooth bądź kabla USB na telefon[16].

4) zaakceptować licencje.

[16] Ostatni z wymienionych sposobów wydaje się najbardziej skomplikowany, jednak dla wszystkich badanych okazał się najkorzystniejszy, gdyż jako jedyny był zupełnie darmowy, w przeciwieństwie do poprzednich: wybierając pierwszy użytkownik ponosi koszt wysłania sms-a, drugi angażuje ewentualne koszty związane z łączeniem się z Internetem w komórce.

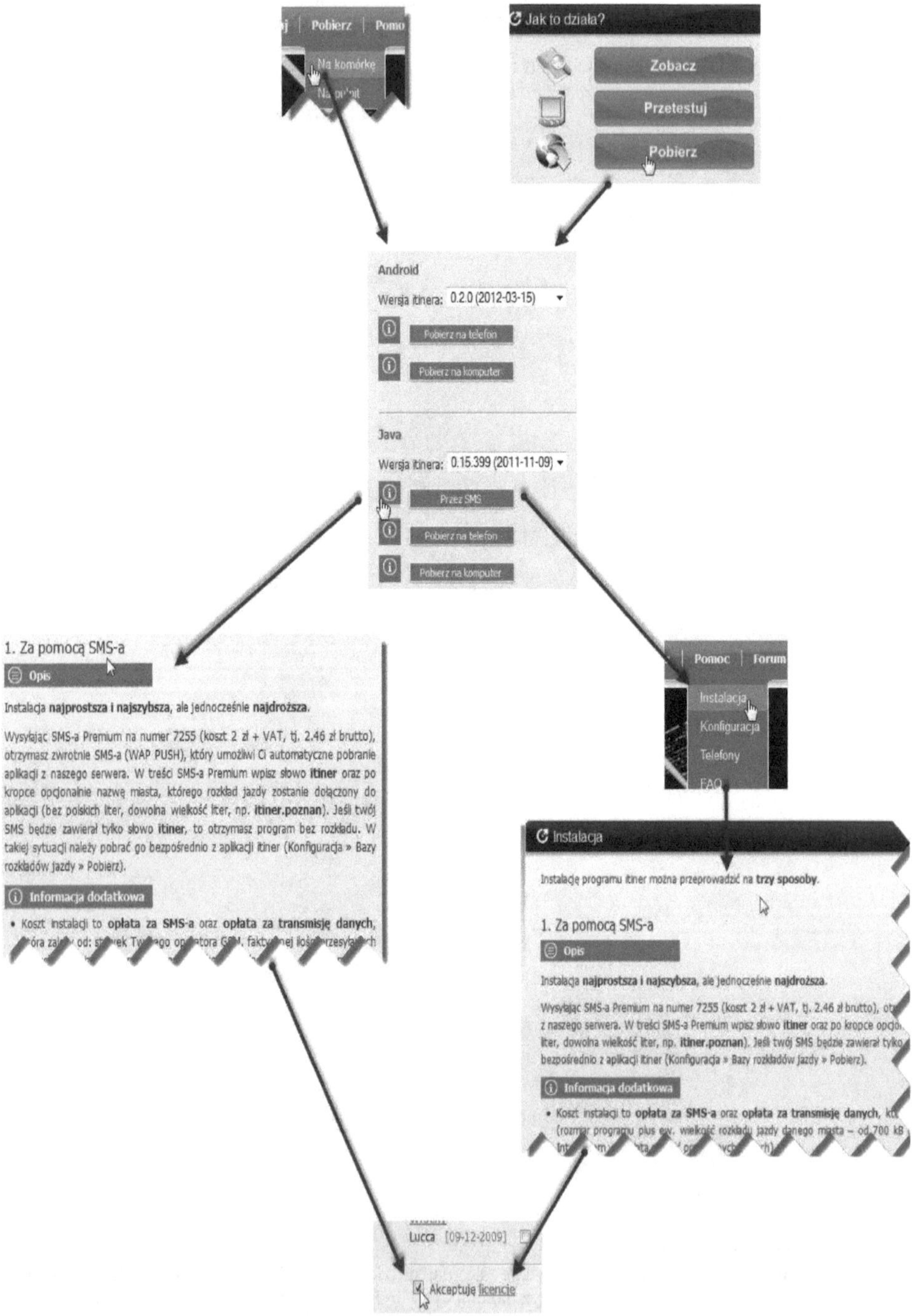

Rysunek 10: Kolejne kroki pobierania aplikacji itiner

Zadanie to stanowiło najbardziej złożony, ale także najistotniejszy element badania, gdyż docelowo w to miejsce trafia użytkownik, który chce skorzystać z aplikacji itiner. Dlatego kwestia zrozumienia i przejrzystości widoku strony pobierania jest kluczowa. To zadnie różniło się od poprzednich tym, że użytkownik był dodatkowo pytany o zmiany, jakie mogą ulepszyć tą podstronę. Spostrzeżenia badanych i autorki pozwoliły na jej zmodyfikowanie, czego efekty prezentuje rozdział trzeci niniejszej pracy.

Na koniec każdy badany został poproszony o ocenę funkcjonalności strony, przyjazności obsługi oraz estetyki interfejsu [17] w skali 1-5 oraz zapytany o zarekomendowanie znajomym zapoznania się z aplikacją poprzez odwiedzenie strony w Internecie.

2.2.3 Narzędzia badawcze

T. Pilch pisze, że „narzędzie badawcze jest przedmiotem służącym do realizacji wybranej techniki badań". Podkreśla on również nadrzędność metody badania wobec narzędzia [Pilch 1977], co oznacza, że to ostanie powinno odpowiadać wybranej metodzie badania, a nie na odwrót. Ponieważ badanie stanowiło w przeważającej mierze swobodną rozmowę, gdzie najważniejszą rolę odgrywały zagadnienia stawiane przed użytkownikiem, narzędzie badawcze jedynie wspierało proces rozmowy, nie pozwalając jednocześnie na mierzenie najważniejszych rezultatów badania, które posiadały charakter jakościowy.

Narzędzie użyte w badaniu to oprogramowanie do przeprowadzania testów użyteczności o nazwie *Morae*[18]. Składa się ono z wyspecjalizowanego pakietu trzech aplikacji, umożliwiających przeprowadzenie testów użyteczności, także online. Na owe trzy powiązane ze sobą aplikacje składają się:

---

[17] Znaczenie tych pojęć zostało przedstawione w podrozdziale, który prezentuje cele badawcze.

[18] Program ten jest jednym z produktów firmy *Techmith*, która jako nieliczna dostarcza rozwiązania dla projektantów Web oraz narzędzi badawczych.

- *Morae Recorder*, który umożliwia nagrywanie sesji z osobą, która wykonuje zadania na zdalnym komputerze,
- *Morae Observer*, dzięki któremu osoba odpowiedzialna za przeprowadzenie testu oraz inni zainteresowani, mają możliwość oglądania na żywo tego, co wykonuje osoba testująca i uzupełniania na bieżąco obserwowanego testu notatkami z obserwacji,
- *Morae Manager*, umożliwiający zebranie dokumentacji, uzupełnienie o niezbędne elementy i stworzenie prezentacji bądź dokumentacji z przeprowadzonej sesji badawczej.

Jak już wspomniano, program *Morae* dedykowany jest przeprowadzaniu testów funkcjonalności online, tj. z osobami, z którymi nawiązuje się łączność drogą internetową. Wystarczy, że po stronie badacza będzie zainstalowany *Morae Recorder*, a użytkownik komputera będzie posiadał kamerę, mikrofon i dostęp do Internetu.

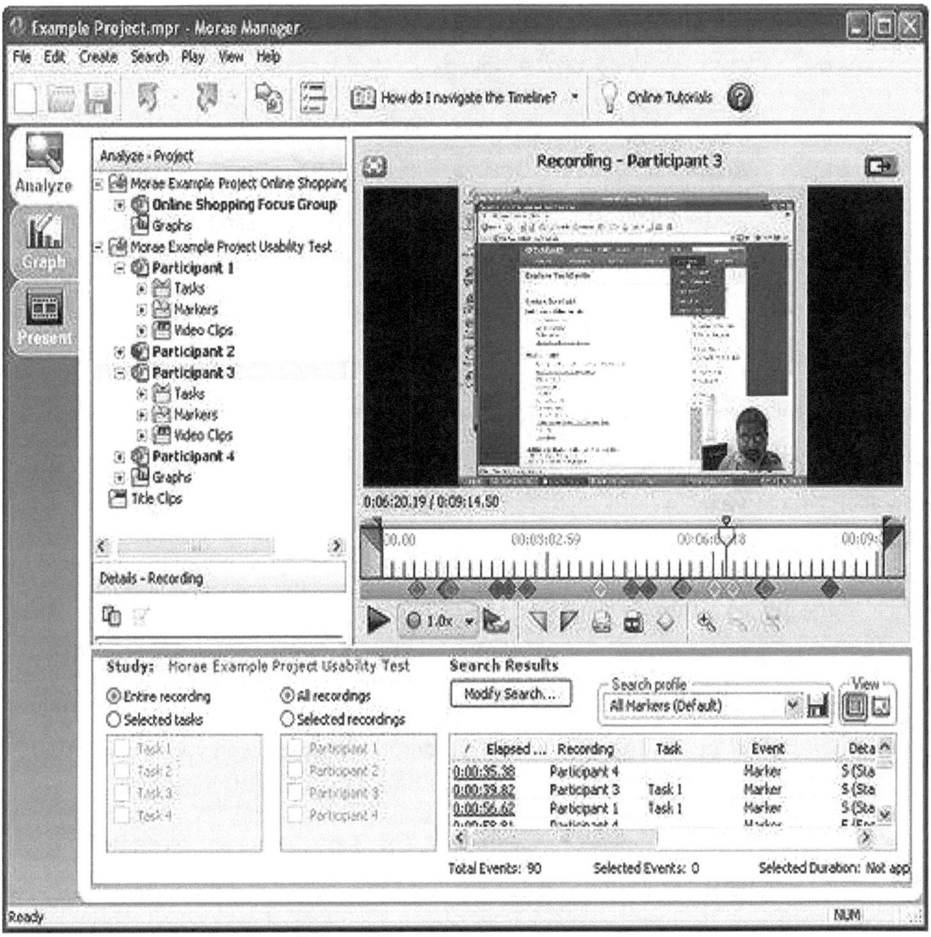

Rysunek 11: Opracowywanie wyników w *Morae Manager*

Funkcje *Morae* umożliwiają badaczowi zarówno sporządzenie scenariuszy zadań, jak i posiadają możliwość automatycznego zbierania danych na temat czynności wykonywanych przez osobę testującą. Do takich czynności należą m.in.:

- kliknięcia myszą (prawym i lewym przyciskiem),
- ruch kursora na ekranie,
- wstawianie tekstu przy pomocy klawiatury przez osobę biorącą udział w teście, np. w czasie wypełniania formularza rejestracji w ramach testowanej strony WWW,

- zdarzenia związane z akcją przeglądarki bądź programów, np. otwieranie okien.

Warto podkreślić, że wszystkie zebrane dane podczas sesji oraz scenariusz przygotowany wcześniej przez badacza, zawierający: opis badania, zestaw scenariuszy dla użytkowników testujących, definicje markerów (dzięki nim można wyznaczyć m.in. czas wykonywania poszczególnego zadania), końcową ankietę satysfakcji użytkownika, można przechowywać w jednym i tym samym pliku, co sprawia, że przyszłe analizowanie zadania jest dużo łatwiejsze.

Powyższe funkcjonalności zapewniają dużą plastyczność programu i powodują, że staje się ważnym narzędziem wspierającym pracę badacza, co dostarcza licznych korzyści. Mianowicie:

- dzięki *Morae* dowolne pomieszczenie zamienia się w pokój obserwacyjny, który jest wyposażony w coś na kształt lustra weneckiego;
- cały projekt badawczy znajduje się w jednym pliku: obejmuje on filmy z zapisem badań różnych użytkowników, wszystkie markery oraz ewentualne komentarze obserwatorów, które są automatycznie zapisywane w pliku z filmem;
- film z badania wraz z wynikami (markery, notatki, scenariusze) to dokumentacja, która może zostać udostępniana zaraz po zakończeniu nagrania (plik z rozszerzeniem .WMV). Kopię można zarówno udostępnić innym zainteresowanym, jak i zarchiwizować u siebie, dzięki czemu istnieje możliwość stworzenia biblioteki badawczej zawierającej konkretne analizy przypadków, które mogą być dużą pomocą przy planowaniu kolejnych badań z użytkownikiem;
- *Morae Observer* umożliwia śledzenie przebiegu sesji badawczej przez kilku obserwatorów – więcej obserwacji może oznaczać większe prawdopodobieństwo dostrzeżenia kluczowych momentów badania czy błędów.

Uprzednio zaprojektowane przez autorkę badanie nie wymagało zdalnego połączenia z użytkownikiem – z każdym z użytkowników badaczka spotkała się osobiście w wyznaczonym przez niego miejscu, które umożliwiało przeprowadzenie rozmowy na osobności. Stąd, o ile łączność z Internetem była niezbędna do uruchomienia strony www.itiner.pl, o tyle skorzystanie z aplikacji *Morae Observer*, służącej do zdalnej obserwacji osoby testowanej, okazała się zbyteczna.

Program *Morae Recorder* nagrywał sesję z badanymi, przy czym w zadaniach ilościowych oznaczono markerami (używając *Morae Manager*) czas wykonania poszczególnych zadań, co pozwoliło na późniejszą analizę średniego czasu ich wykonania. W badaniu pominięto bardziej szczegółową analizę ilościową, jak chociażby ilość kliknięć myszką, gdyż nie wniosłaby ona wiele do rezultatów badania.

2.2.4 Osoby badane

W ostatecznym badaniu uczestniczyło dziesięć osób, natomiast w wstępnym pilotażu – dwie. Niewielka liczba osób badanych wynika z charakteru badań użyteczności, o czym wspomina niniejsza praca. Według znanego badacza Nielsena by wykryć aż 85% problemów użyteczności wystarczy przebadać pięć osób [Nielsen 2000]. Każdy kolejny badany zdaje się powielać uzyskane wnioski z poprzednich badań, co tłumaczy niewielką liczbę badanych biorących udział w tym badaniu. Jego tezę obrazuje wykres 1:

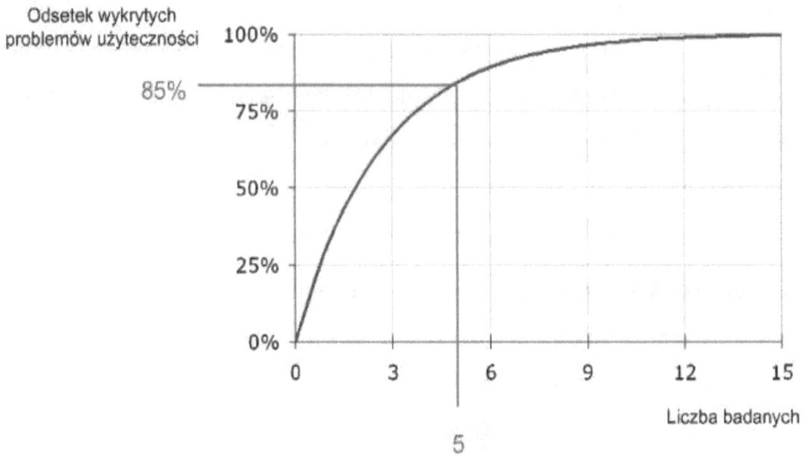

Wykres 1: Już pięciu użytkowników wykrywa 85% problemów użyteczności

Grupa badawcza (pilotażu i ostatecznej wersji) mieści się w przedziale wiekowym 21-28lat, gdzie studenci stanowią sześć osób, pozostałe cztery są osobami pracującymi, posiadającymi wyższe wykształcenie. To ostatnie różnicuje użytkowników, ponieważ wśród badanych znalazły się osoby zarówno studiujące kierunki humanistyczne (pięć osób posiadających wykształcenie psychologiczne, dwie ekonomiczne, jedna prawnicze), jak i kierunki ścisłe (w grupie znajdował się elektrotechnik, geodeta, biotechnolog oraz studentka inżynierii środowiska). Wszystkie osoby mieszkają, studiują lub pracują w Poznaniu.

Ze względu na tematykę strony WWW autorkę badania interesowało również korzystanie przez badanych z komunikacji miejskiej w Poznaniu, co może zachęcać do korzystania z programów, takich jak itiner. Orientowanie się w poznańskiej komunikacji miejskiej mogło przyczynić się ponadto do sprawniejszego wykonania poleceń w badaniu. Siedmiu z dwunastu użytkowników korzysta na co dzień z komunikacji miejskiej, reszta z alternatywnych form przemieszczania, co sprawia, że nie są oni obeznani w przebiegu tras lub numerach linii pojazdów komunikacji miejskiej. Mimo, iż większość badanych korzysta na co dzień z komunikacji miejskiej, żadne z nich nie spotkało się do tej pory z aplikacją itiner, ani ze stroną WWW promującą to oprogramowanie.

Przed rozpoczęciem badania autorka zapytała również o średni czas, jaki badani spędzają co dzień aktywnie działając w Internecie. Uśrednienie odpowiedzi dziesięciu badanych osób nie zobrazuje zróżnicowanego czasu korzystania z Internetu tak dobrze, jak następujący wykres:

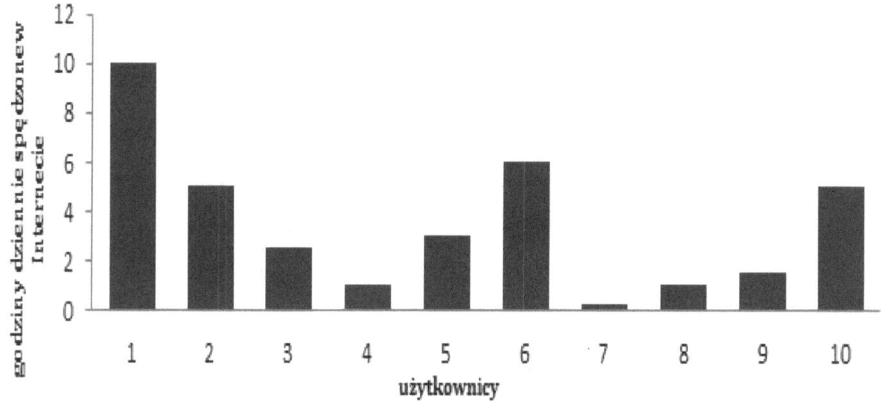

Wykres 2: Średni czas aktywności w Internecie poszczególnego użytkownika

Duży rozrzut czasowy pomiędzy użytkownikami korzystającymi z Internetu wynika w głównej mierze z charakteru codziennej pracy i obowiązków. Przykładowo użytkownik numer jeden prócz studiów wykonuje pracę, która wymaga ciągłego korzystania z Internetu. Skądinąd można by założyć, że istnieje dodatnia korelacja między ilością czasu aktywności w Internecie a szybkością wykonania poszczególnych zadań ilościowych z badania, autorka jednakże nie porusza tego wątku. Wówczas badanie skupiło by się na sprawności obsługi komputera przez danego użytkownika, a nie na użyteczności strony WWW. Trzeba wyraźnie zaznaczyć, iż testy użyteczności nie analizują użytkownika, ale (w tym przypadku) portal, z którego on korzysta. Każdy uczestnik był o tym informowany przed rozpoczęciem badania, co zapewniło mu większy komfort podczas rozmowy z autorką i podczas wykonywania zadanych poleceń.

2.3. Przebieg badania (podstawowego) oraz wyniki

2.3.1. Pilotaż badań

Badanie pilotażowe miało na celu weryfikacje puli pytań stworzonych przez autorkę, jak i całego procesu badania użyteczności. Brały w nim udział dwie studentki Wydziału Nauk Społecznych, w wieku 21 i 23 lata.

Przed sprecyzowaniem ostatecznych pytań badawczych (szeroko opisanych w podrozdziale Metody badawcze), uczestniczki otrzymały następującą pulę pytań:

1) *W jakim miejscu na stronie możesz przedstawić swój komentarz dotyczący sugerowanych przez Ciebie ulepszeń/ nowych funkcji aplikacji?*
2) *Wymień co najmniej trzy modele telefonów, na których funkcjonuje oprogramowanie itiner?*
3) *Odnajdź widok strony* (ekran przedstawiający link z dolną częścią podstrony pobierania widgetu http://itiner.pl/pl/widget/desktop).
4) *Na jakich urządzeniach można korzystać z itinera?* Po udzielonej odpowiedzi pada prośba: *Pobierz aplikacje na pulpit i znajdź połączenie z przystanku Żeromskiego, linią tramwajową 2, na ostatni przystanek (dłuższe połączenie).*

* W trakcie badania: *Odwiedzając tę stronę co byś oczekiwał/-a znaleźć? Jakich informacji byś tam szukał/-a?*

W wyniku badań pilotażowych pytanie numer 2 w ostatecznej wersji badania zostało zamienione na pytanie dotyczące działania aplikacji itiner na telefonie użytkownika. Dzięki temu pytanie nabrało bardziej realistycznego charakteru, gdyż czynność wykonywana w tym zadaniu jest jedną z pierwszych i kluczowych przy pobieraniu aplikacji itiner. Pytanie czwarte natomiast zostało bardziej doprecyzowane – pierwotna jego forma okazała się nie być wystarczająco zrozumiała, dlatego w pytaniu została podana nazwa przystanku docelowego. Pytanie oznaczone gwiazdką było natomiast zadawane w trakcie badania, w przypadkowym momencie. W trakcie przeprowadzania pilotażu, autorka wywnioskowała, że pytanie to jest sensowne jedynie wtedy, gdy zadaje się je na początku, kiedy badany nie posiada wcześniejszej wiedzy na temat programu itiner, z wyjątkiem tego, co obserwuje na głównej stronie www.itiner.pl.

W badaniu pilotażowym autorka nie uwzględniła zadania, które składa się na wersje rozszerzoną badania. Ponieważ jednak podstrona pobierania aplikacji na telefon komórkowy jest bez wątpienia najważniejszym obszarem strony, którego zrozumienie jest nieodzowne dla użyteczności całej strony, testowanie tego aspektu zostało włączone do ostatecznej wersji badania.

Ostateczna pula pytań i kolejność ich zadawania wyglądały następująco:

* *Jak myślisz czego dotyczy ta strona? Jakie informacje, elementy oczekiwałbyś/-abyś na niej znaleźć?* Po udzieleniu przez badanego odpowiedzi, ponowna prośba badacza: *Proszę znajdź, któryś z wymienionych przez Ciebie elementów na stronie.*

1) *W jakim miejscu na stronie możesz przedstawić swój komentarz dotyczący sugerowanych przez Ciebie ulepszeń/ wprowadzenia nowych funkcji?*
2) *Sprawdź, bez pobierania aplikacji, czy na Twoim telefonie będzie ona działać?*
3) *Spróbuj odnaleźć ten widok podstrony* (ekran przedstawiający odnośnik z fragmentem podstrony pobierania widgetu http://itiner.pl/pl/widget/desktop).
4) *Na jakich urządzeniach można używać itinera?* Gdy badany udzieli poprawnej odpowiedzi, czyli: na telefonie komórkowym i pulpicie komputera, pada polecenie: *Pobierz aplikacje na pulpit i sprawdź, o której odjeżdża najbliższy tramwaj linii nr 2 z przystanku Żeromskiego w kierunku Dębca.*
5) (wersja rozszerzona) *Spróbuj pobrać aplikację itiner (wersje na telefon komórkowy). Wybierz przy tym najkorzystniejszy dla Ciebie sposób pobierania.* Po wykonaniu zadnia padły dodatkowe pytania, przedstawione w podrozdziale Metody badawcze.

2.3.2. Badanie ostateczne

2.3.2.1. Cele użytkownika serwisu www.itiner.pl

Pierwsze pytania postawione osobom badanym, dotyczące oczekiwań względem strony www.itiner.pl (oznaczone * w powyższym podrozdziale), pozwoliło na określenie typowego użytkownika serwisu. Typowym użytkownikiem jest osoba młoda, w przedziale wiekowym 16-30 lat, poruszająca się komunikacją miejską po terenie Poznania. Przy pierwszym zetknięciu ze stroną (jej głównym widokiem) osoba badana chciała:

- pobrać aplikacje (i upewnić się że jest darmowa);
- przetestować aplikacje, by dowiedzieć się, czy jest łatwa w obsłudze;
- sprawdzić, czy może pobrać aplikacje na swój model telefonu;
- upewnić się, czy aplikacja posiada aktualizacje;
- posiadać dostęp do instrukcji obsługi i pomocy dotyczącej samego oprogramowania oraz sposobów korzystania z niego;
- poznać opinie o programie innych użytkowników;
- dowiedzieć się, czy dostęp do aplikacji jest możliwy bez połączenia z Internetem (*offline*);
- zdobyć informacje o miastach, których rozkłady jazy posiada itiner;
- uzyskać możliwość otrzymywania powiadomień o dostępnych aktualizacjach (*newsletter*);
- zobaczyć przykłady wykorzystania aplikacji na co dzień;
- zasięgnąć informacji o funkcjach aplikacji.

Większość osób badanych nie miała problemu z odpowiedzią na pytanie, czego dotyczy strona spoglądając tylko na stronę główną www.itiner.pl, prócz trzech badanych, którzy na co dzień nie poruszają się komunikacją miejską. Hasło, *itiner – twój mobilny przewodnik po mieście*, nie było dla nich do końca zrozumiałe. Przykładowo jeden z badanych, poruszający się samochodem po mieście, przypuszczał, że strona dotyczy jakiegoś programu podobnego do nawigacji, który pozwala przemieszczać się po ciekawych miejscach w mieście, takich jak muzea, restauracje itp. Nawet badani, którzy posiadali prawidłowe presumpcję, co do przedmiotu strony, nie byli pewni od razu. Dopiero po przewinięciu strony na sam dół uświadamiali sobie, czego dotyczy strona.

Rozmieszczenie elementów na stronie głównej było przedmiotem dużej krytyki ze strony badanych. Nie podobało im się, że muszą przejść na sam dół strony, by uzyskać należyte wyjaśnienie jej przedmiotu. Kwestia ta była pierwszą budzącą niechęć badanych. Kolejną z nich było okno z odnośnikiem do portalu społecznościowego *facebook*, które znajduje się w centralnym miejscu strony i przez to zajmuje cenne miejsce na stronie. Badani uznali również blok *Załóż konto* za zbędne na stronie głównej. Elementy strony głównej, które przypadły natomiast do gustu badanych to podłużna grafika u góry strony (choć 1/3 badanych uznała, ze jest ona zbyt duża) oraz blok *Jak to działa?* (na obrazku 12), który zdaniem badanych w klarowny sposób prezentuje najważniejsze elementy na stronie.

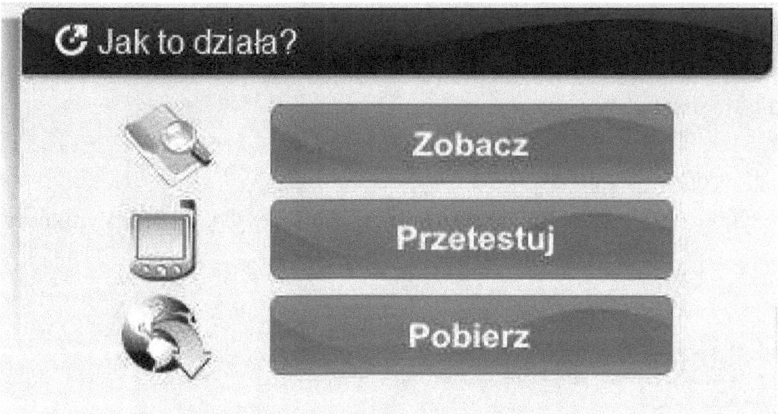

Rysunek 12: Element instruktarzowy na stronie głównej *Jak to działa?*

Mniejsze uwagi były kierowane w stronę niedziałającego odnośnika do forum oraz niepoprawnie działających nadrzędnych odnośników w menu głównym, które po ich wybraniu przenosiły użytkownika tylko do jednego elementu z listy rozwijalnej.

Po wysłuchaniu wszystkich komentarzy osób badanych dotyczących strony głównej, sporządzono listę proponowanych modyfikacji. Mianowicie:

- zmiana hasła *itiner – twój mobilny przewodnik w mieście* na *itiner – twój mobilny rozkład jazdy w mieście* pomogłoby w lepszym zrozumieniu na tzw. „pierwszy rzut oka" przedmiotu strony;
- opis aplikacji itiner powinien pojawić się w górnej części strony, tak by był widoczny bez przewijania strony na sam dół. Przykładowo, można by go umieścić zamiast bloku *Załóż konto*, do którego odnośnik mógłby się znaleźć w pasku menu głównego.
- blok będący odnośnikiem do portalu *facebook* powinien się znaleźć na peryferiach strony, gdyż nie jest on kluczowy dla zrozumienia treści strony;
- główna grafika powinna być nieznacznie zmniejszona na rzecz umieszczenia treści strony głównej nieco wyżej na ekranie komputera.

Lista powyższych propozycji ulepszeń ma na celu poprawę zrozumienia przedmiotu strony na „pierwszy rzut oka" – często się zdarza, że użytkownik rezygnuje z pozostania na stronie, po początkowym niezrozumieniu jej przekazu. Użytkownicy bywają po tym względem wymagający, można skonstatować, że twórca strony otrzymuje tylko jedną szansę na dotarcie do użytkownika – druga okazja prawdopodobnie się nie nadarzy.

2.3.2.2. Czas wykonania zadań ilościowych.

Średni czas wykonania zadań ilościowych prezentuje wykres 3. Wyniki te wygenerowano przy pomocy programu *Morae Manager*.

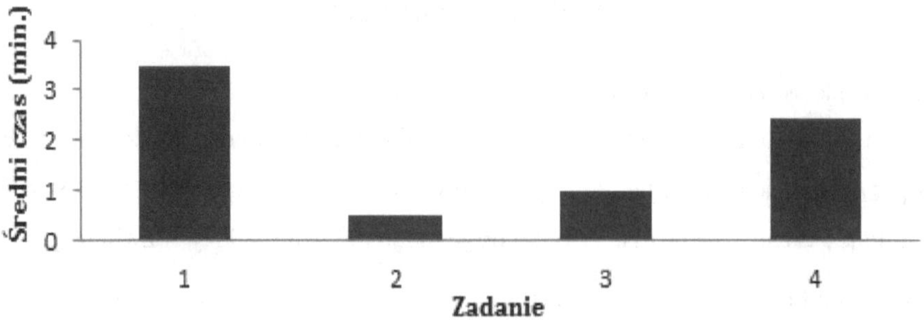

Wykres 3: Średni czas wykonania według zadań

Numery zadań odpowiadają tym, podanym we wcześniejszym Pilotażu badań. Dane wykresu wyraźnie ilustrują, że zadanie pierwsze zajęło użytkownikom najwięcej czasu. Odnalezienie odnośnika *feedback* okazało się żmudne i nieintuicyjne, co budziło irytację użytkowników – zazwyczaj badani znajdywali rozwiązanie alternatywne tego problemu (dokładnie opisanego w Metodach badawczych). Wykonanie kolejnych zadań nie sprawiało już większych problemów. Natomiast dłuższy czas wykonania ostatniego zadnia (test widgeta) wynikało z jego złożoności.

2.3.2.3. Wyniki obserwacji zadań oraz rekomendacje do zmian

Zadanie 1

Zadanie to miało na celu skorzystanie z odnośnika *feedback* lub przejścia do zakładki *Kontakt* w menu głównym i kliknięciu linku *forum do głosowania.* Wszystkie osoby badane intuicyjnie przechodziły do odnośnika *Forum* w menu głównym, przy czym link był nieaktywny. Użytkownicy „błądzili" przez jakiś czas po sekcji *Pomoc.* Dwóch uczestników chciało zrezygnować z poszukiwań i stwierdzili, że w rzeczywistej sytuacji opuścili by stronę nie mogąc znaleźć danej informacji. Zdarzało się, że użytkownicy byli proszeni o skupienie się również na innych elementach strony. Każdy badany znalazł w końcu rozwiązanie, ale żaden nie skorzystał przy tym z odnośnika *feedback*, tylko z alternatywnego sposobu, przy czym poszukiwania nastręczyły wiele problemów. Po wykonaniu polecenia i zwróceniu uwagi użytkownika na odnośnik *feedback* większość osób stwierdziła, że nigdy nie doszłaby tą drogą do rozwiązania, gdyż napis ten kojarzy im się z portalem *facebook.* Reszta badanych stwierdziła, że pominęła wzrokiem powyższy odnośnik, gdyż peryferia strony przeznaczone są zazwyczaj na reklamy.

Na podstawie wykonania tego zadnia, rekomenduje się uruchomić funkcjonujący odnośnik do forum w menu głównym na stronie głównej, a także usunąć odnośnik *feedback*, który całkowicie został pominięty przez każdego badanego.

Zadanie 2

Zamysłem tego zadania było odnalezienie własnego modelu telefonu na liście (jeśli został na niej uwzględniony), do której prowadzi odnośnik *Pomoc→ Telefony* z menu głównego. Mimo, iż okazało się to najszybciej wykonane zadanie w całym badaniu, sześciu z dziesięciu badanych kierowało się w pierwszej kolejności do sekcji *Pobierz* lub *Przetestuj* zanim trafiło do odpowiedniej. Twierdzili, że miejsce umieszczenia tej informacji nie jest oczywiste – ich zdaniem jest to na tyle istotna kwestia, by odnośnik do niej pojawił się na stronie głównej. Dobrze to odzwierciedla zdanie wypowiedziane przez jednego z uczestników badania: „Nie ma nic gorszego niż mieć chrapkę na skorzystanie z jakiegoś programu, po czym dowiedzieć się, że nie można go użyć." Siedmiu badanych nie mogło odnaleźć swojego modelu na liście, co świadczy o braku jej bieżącego uaktualniania. Większość osób badanych uznało za nieintuicyjne umieszczenie zakładki *Telefony* w sekcji *Pomoc*, gdyż kierują się do niej jedynie w przypadku pojawienia się jakiegoś konkretnego problemu ze stroną czy aplikacją, a dane telefony na jakich działa aplikacja stanowią potrzebną informację przy pobieraniu aplikacji.

Bardziej logicznym jest zatem umieszczenie zakładki *Telefony* w sekcji *Pobierz*, co nadaje procesowi pobierania pewnej ciągłości: pierw użytkownik sprawdza, czy jego telefon obsługuje aplikacje, następnie przechodzi do opcji pobierania i wybiera jedną z nich. Dodatkowo odnośnik o przykładowej nazwie *Sprawdź czy itiner działa na Twoim telefonie* powinien się znaleźć na stronie głównej. Ostatnią, ale nie mniej ważna kwestią jest bieżąca aktualizacja listy telefonów obsługujących aplikacje.

Zadanie 3

Bez większych problemów każdy użytkownik rozwiązał zadanie trzecie, które dotyczyło wersji aplikacji itiner na pulpit. Świadczy to o spójności treści strony i dobrym rozmieszczeniu jej elementów. Nie mniej jednak połowa badanych nie doszła do rozwiązania od razu, szukając pierw z zakładce *Wypróbuj*, gdzie wcześniej spotkali się z nazwą widget. Brak spójności nazw *Na pulpit* i *Widget* w zakładkach menu głównego, kolejno *Wypróbuj* i *Pobierz* okazał się mylący. Trzy osoby stwierdziły również, że ujednolicenia wymagają nazwy *Wypróbuj* w menu głównym oraz *Przetestuj* w bloku *Jak to działa?* na stronie głównej, gdyż wybór ich przekierowuje użytkownika w to samo miejsce.

Podsumowując zatem tą cześć, ujednolicenia wymagają nazwy *Na pulpit* i *Widget* w zakładkach *Wypróbuj* i *Pobierz*. Przy ich zmianie autorka proponuje zastosować tą pierwszą nazwę, ze względu na niezrozumienie tej drugiej wśród badanych. Co się tyczy terminu *Wypróbuj* w menu głównym, zamiana jego na *Przetestuj* zagwarantuje spójność nazewnictwa na stronie głównej, a tym samym zapobiegnie zagubieniu użytkownika.

Zadanie 4

Zadanie czwarte polegało na zapoznaniu się użytkownika z wersją aplikacji itiner na pulpit, widgetem. Z powodu złożoności tego zadnia, badani poświęcili więcej czasu na jego realizację, aczkolwiek nie sprawiło ono większych problemów. W toku wcześniejszego działania na portalu itiner, każdy badany bez problemu zauważył, że aplikacja jest dostępna również jako element na pulpit. Przy korzystaniu z widgeta głównym problemem okazał się powrót do poprzedniego widoku aplikacji, z powodu niejasno wyeksponowanego przycisku cofania. Natomiast zarówno rozkład jazdy danej linii, jak i tabelka z najbliższymi odjazdami innych środków komunikacji z tego samego przystanku okazała się zrozumiała dla wszystkich badanych.

Sugerowane rekomendacje zmian w widgecie to lepsze zobrazowanie przycisku cofania do poprzedniego widoku oraz jego rozwój, poprzez wprowadzenie opcji wyszukiwania połączeń, takiej jak w wersji aplikacji na telefon.

2.3.2.4. Ocena użytkowników

Po rozmowie oraz wykonaniu wyżej wymienionych zadań uczestnicy badania oceniali funkcjonalność, przyjazność i estetykę interfejsu strony w skali od 1 do 5 punków. Wyrażali także swoje zdanie na temat polecania strony www.itiner.pl swoim znajomym. Wyniki prezentują się następująco:

Obszar	Średnia ocena użytkowników (pkt)
Funkcjonalność	3,5
Przyjazność	3,8
Estetyka interfejsu	3,8
Rekomendowanie znajomym	Tylko czterech badanych rozważyłoby rekomendacje strony znajomym, reszta wykazała brak zainteresowania aplikacją.

Tabela 2: Ocena użytkownika poszczególnych aspektów użyteczności strony

Oceny badanych nadmienionych aspektów strony plasują się na poziomie powyżej średnim. Najwięcej zastrzeżeń pojawiło się pod adresem funkcjonalności strony, głównie ze względu na podstronę pobierania aplikacji na telefon, co było przedmiotem poszerzonej wersji badania, której opis znajduje się w rozdziale trzecim niniejszej pracy. Mniej sceptycznie badani podchodzili do kwestii przyjazności strony – większość rzeczy okazała się w miarę intuicyjna, nawet przy pewnych początkowych problemach użytkownicy rozwiązywali zadnia poprawnie. Również estetyka interfejsu została oceniona jako dobra. Niemniej trzy osoby stwierdziły, że strona główna jest nazbyt przesycona informacjami – powinny się na niej znaleźć jedynie najważniejsze elementy takie jak sekcja *Jak to działa?*, do reszty winny prowadzić odnośniki.

Większość badanych nie poleciłaby znajomym odwiedzenia strony www.itiner.pl, gdyż część z nich w ogóle nie porusza się komunikacja miejską. Inni znają ją na tyle dobrze by nie potrzebować dodatkowego wsparcia oprogramowania przedstawionego na stronie WWW lub już korzystają z podobnego programu, do którego zdążyli się przyzwyczaić i nie mają ochoty zastąpić go innym.

2.3.2.5. Uwagi końcowe i rekomendacje

Użytkownicy w trakcie badania i po jego zakończeniu wyrażali następujące opinie:

- zmiana układu strony głównej – modyfikacji wymaga głównie umieszczenie opisu aplikacji w bardziej widocznym miejscu;
- wprowadzenie ścieżki nawigacyjnej informującej, w jakim miejscu serwisu znajduje się użytkownik;

- z powodu niezrozumienia haseł *Przetestuj* i *Wypróbuj* powinny one zostać ujednolicone, gdyż w efekcie prowadzą do tego samego, przy czym termin *Przetestuj* jest znacznie bardziej zrozumiały dla użytkownika;
- zlikwidowanie bloku *Załóż konto* na stronie głównej i umieszczenie odpowiedniego odnośnika w górnej części strony;
- usunięcie niejasnego odnośnika *feedback* – forum powinno być dostępne z poziomu menu głównego;
- pobieranie i testowanie jest jak najbardziej zrozumiałe – użytkownikom podobają się wyraźne odnośniki umieszczone w centralnym miejscu na stronie;
- umieszczenie informacji o modelach telefonów, na których aplikacja itiner działa, w zakładce *Pobierz* byłoby bardziej logiczne; co więcej informacja ta powinna być wyeksponowana z poziomu strony głównej;
- modele telefonów obsługujące aplikacje powinny być na bieżąco aktualizowane oraz powinny być wymienione ich pełne nazwy, by nie budzić wątpliwości użytkownika;
- niezrozumiałą pozostaje nazwa widget – z tego względu odpowiednie nazwy odnośników do aplikacji na pulpit lepiej ujednolicić zamieniając na termin *Na pulpit*;
- ujednolicenia wymagają również odnośniki *Przetestuj* w dziale *Pobierz* w menu głównym oraz *Wypróbuj* na stronie głównej; w tym wypadku słowo „przetestuj" jest bardziej zrozumiałe dla użytkownika;
- nawigacja widgetu powinna być bardziej przejrzysta, w szczególności modyfikacji wymaga przycisk cofania.

Wyżej wymienione rekomendacje są w większości wnioskami użytkowników, ale także autorki badania, która wysnuła je w toku rozmowy z uczestnikami oraz ich obserwacji. Wprowadzenie modyfikacji zminimalizuje ewentualną niechęć użytkownika do strony, co poprawi jej odbiór.

Kolejny rozdział rozważa dalszą część badania, jego rozszerzenie, w którym uczestniczyła połowa badanych, dotyczące zasadniczej części strony, jaką jest podstrona pobierania aplikacji na komórkę.

Rozdział 3. Projekt podstron portalu www.itiner.pl

3.1. Cele rozszerzonej wersji badania

Kontynuacją badania podstawowego, które służyło wykryciu obszarów stwarzających problemy użytkownikowi serwisu, była dalsza część badania prowadząca ostatecznie do zmodyfikowania najsłabszych punktów portalu. Okazały się nimi być dwie podstrony, pobierania telefonicznej wersji aplikacji i strona główna. Zdaniem użytkownika niektóre elementy na stronie były niezrozumiałe bądź ich rozmieszczenie – niewłaściwe, co nastręczało trudności w nawigacji po stronie. W opracowaniu projektu podstron pomogły uwagi badanych wyrażane w trakcie wypełniania zadanych poleceń, jak również bezpośrednie pytania dotyczące wyglądu i rozmieszczenia poszczególnych elementów podstron, zadane już po wykonaniu wszystkich zadań.

3.2. Metody i osoby badane

Rozszerzona wersja badania polegała na wykonaniu przez użytkownika poniższego, dodatkowego zadania:

- *Spróbuj pobrać aplikację itiner (wersje na telefon komórkowy). Wybierz przy tym najkorzystniejszy dla Ciebie sposób pobierania.*

Po wykonaniu przez użytkownika zadania padły dodatkowe pytania:

- *Czy podstrona pobierania jest dla Ciebie zrozumiała?*
- *Czy zmieniłbyś/-abyś coś w niej? Jeśli tak, to jakie elementy?*
- *Jak sądzisz, jakie informacje/elementy powinny być zawarte na podstronie „Pobierz"?*
- *Gdzie znajdziesz wszystkie informacje o dostępnych sposobach instalacji? Czy są one dla Ciebie jasne?*

Również w takcie wykonywania tego zadania sesja była nagrywana przy pomocy programu *Morae Recorder* – ułatwiło to późniejsze gromadzenie komentarzy użytkowników i sformułowanie wniosków. W badaniu brała udział połowa użytkowników uczestnicząca w pierwszej jego części. Ze względu na złożoność, wykonanie zadania dodatkowego mogło trwać nawet 20 min. Zadanie to stanowiło najdłuższą część badania, gdyż użytkownik nie był pytany wyłącznie o opinie dotyczące wyglądu obecnej strony, ale również proszony o sugestie dotyczące ewentualnych ulepszeń, które mogą poprawić zrozumienie zawartości strony. Tym bardziej stanowiło to wyzwanie dla użytkownika, a w szczególności takiego, który pierwszy raz spotkał się z portalem itiner.pl. Dlatego uzasadnione jest wykorzystanie do tego zadnia jedynie pięciu badanych, którzy posiadają większe doświadczenia w aktywności w Internecie (większa średnia godzin spędzonych w Internecie) i z chęcią wyrażają swoje opinie dotyczące wprowadzania zmian na stronie.

3.3. Przebieg i wnioski z rozszerzonej wersji badania

Mimo, że w badaniu brała udział jedynie połowa grupy badawczej, zadanie to dotyczyło najistotniejszej części strony, gdyż ostatecznie na podstronę pobierania aplikacji powinien trafić potencjalny użytkownik, zatem ważne jest, by jej treść była klarowna.

Tylko jeden użytkownik nie posiadał względem strony pobierania żadnych zastrzeżeń – uznał, że jest dobrze zaprojektowana. Reszta badanych nie była w stanie wybrać optymalnego sposobu pobrania aplikacji (w tym przypadku darmowego – przycisk *Pobierz na komputer*) bez jakichkolwiek problemów. Największą przeszkodą okazała się niemożność w odnalezieniu opisów opcji pobierania telefonicznej wersji aplikacji – użytkownik bez problemu odnajdywał bezpośrednie przyciski poszczególnych opcji pobierania, nie wiedział jednak na czym polegają poszczególne sposoby instalacji, co często zniechęcało go do dalszych poszukiwań. Często użytkownicy nie wybierali danego przycisku pobierania z obawy, że będą musieli najpierw dokonać odpowiedniej zapłaty. Wynikało to z niewiedzy użytkownika na temat sposobów pobierania, przez co działał on nieco „na oślep” – zdarzało się, że użytkownicy sprawdzali wszystkie możliwe przyciski po kolei, co niekoniecznie prowadziło ich do odnalezienia darmowej opcji pobierania telefonicznej wersji aplikacji.

Tymczasem, szerszy opis wszystkich opcji pobierania był dostępny po wciśnięciu ikonek informacyjnych, umieszczonych z lewej strony przycisków pobierania (rys. 13).

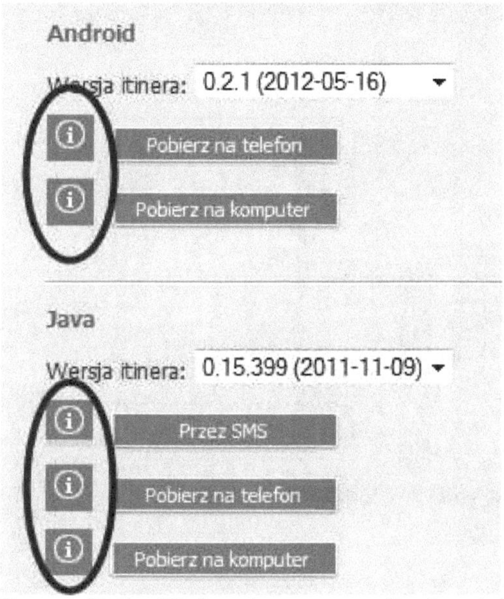

Rysunek 13: Ikonki informujące o poszczególnych opcjach pobierania telefonicznej wersji aplikacji

Po ich wyborze, w prawej górnej części strony, pojawiał się pełen opis poszczególnej opcji pobierania, gdzie można znaleźć jej warunki (darmowa lub płatna) i przybliżenie kolejnych etapów instalacji. Znalezienie tych wyczerpujących opisów opcji pobierania było kluczem do podjęcia świadomej decyzji dotyczącej wyrobu opcji pobierania. Ponieważ prawie wszyscy użytkownicy nie tratowali ikonek informacyjnych jako przyciski prowadzące do pełnych opisów pobierania, mieli oni trudności w podjęciu tej decyzji. Czterech badanych nie przypuszczało, że ikonki stanowią przyciski – cześć z nich próbowała co najwyżej najechać kursorem na pole ikony z nadzieją, że pojawią się niezbędne informacje do wybrania opcji pobierania. Nawet jeśli użytkownik, podczas „klikania w ciemno”, przypadkowo wcisnął przycisk informacyjny, nie zauważył on zmiany opisu w prawej górnej części strony, ponieważ przyciski pobierania i informacyjne znajdują się w lewej dolnej części ekranu. Wobec tego, użytkownik nie skojarzył przycisku ikony ze zmianą opisu w innej części strony, co obrazuje następujący fragment podstrony pobierania aplikacji (rys. 14):

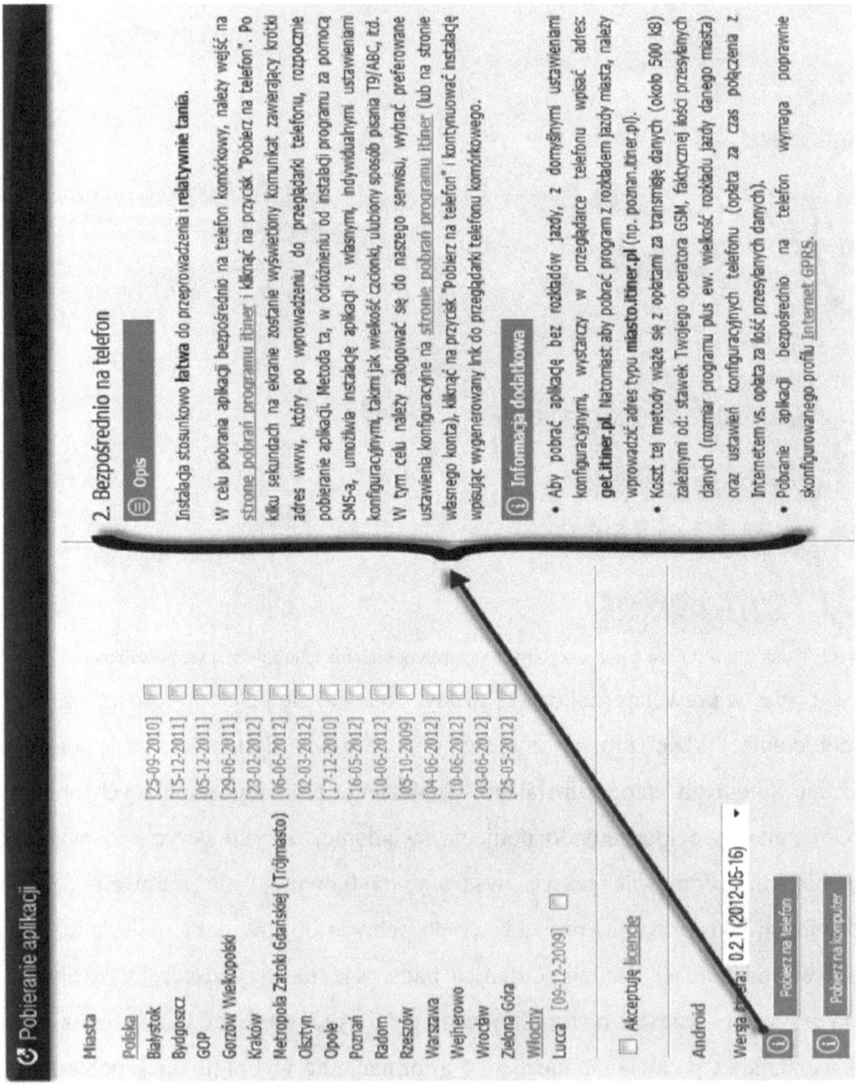

Rysunek 14: Strona pobierania aplikacji z przyciskami informacyjnymi i opisami opcji pobierania (fragment)

Gdy badani odnaleźli potrzebną charakterystykę poszczególnych opcji pobierania, nie mieli dalej problemu przy wyborze najbardziej korzystnej wersji pobierania. Na pytanie o ewentualne modyfikacje podstrony, użytkownicy zasugerowali pewne zmiany w rozmieszczeniu danych elementów na stronie, skróceniu treści na rzecz umieszczenia odnośników, a przede wszystkim podkreślili potrzebę uwidocznienia faktu, iż istnieją trzy alternatywne sposoby popierania aplikacji. Jeden użytkownik zasugerował ponadto umieszczenie odnośnika prowadzącego do modeli telefonów, na których program itiner działa – reszta stwierdziła, że na stronie znajdują się wszystkie niezbędne do pobrania informacje.

Ostatnie pytanie w tym zadaniu dotyczyło znalezienia innego miejsca serwisu, które przedstawia informacje o sposobach instalacji aplikacji. Badani bez większych problemów odnajdywali je w dziale *Pomoc* w menu głównym. Nie mniej jednak zgodne twierdzili, że tak zrozumiale jak w dziale *Pomoc→ Instalacja*, informacje powinny zostać przestawione w sekcji *Pobierz*.

3.4. Projekt podstrony pobierania aplikacji

Na podstawie wniosków z rozszerzonej części badania zmodyfikowano podstronę pobierania aplikacji itiner, wersji na telefon. Oryginalny widok strony prezentuje rysunek 15, a kolejne – nowy, zmieniony projekt strony.

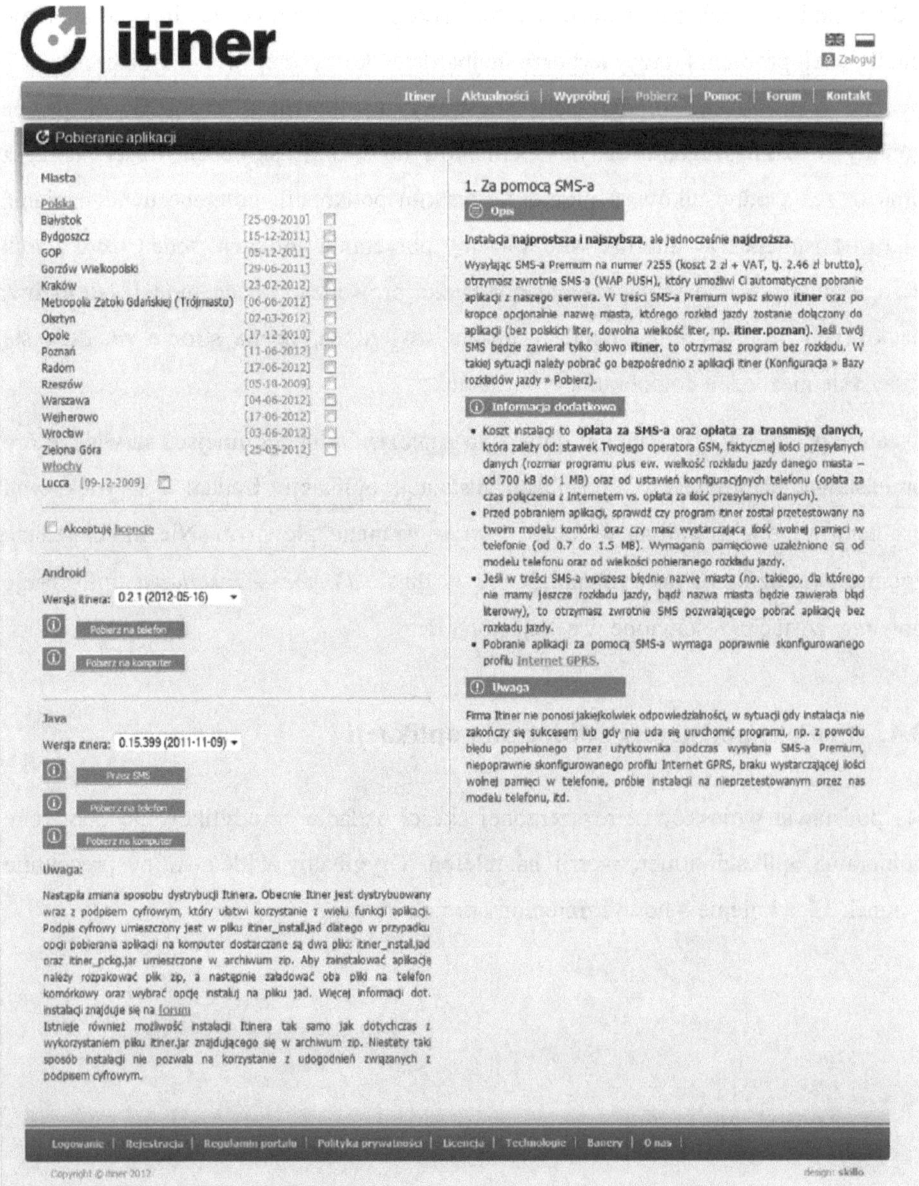

Rysunek 15: Widok oryginalnej podstrony pobierania aplikacji itiner, wersji na telefon.

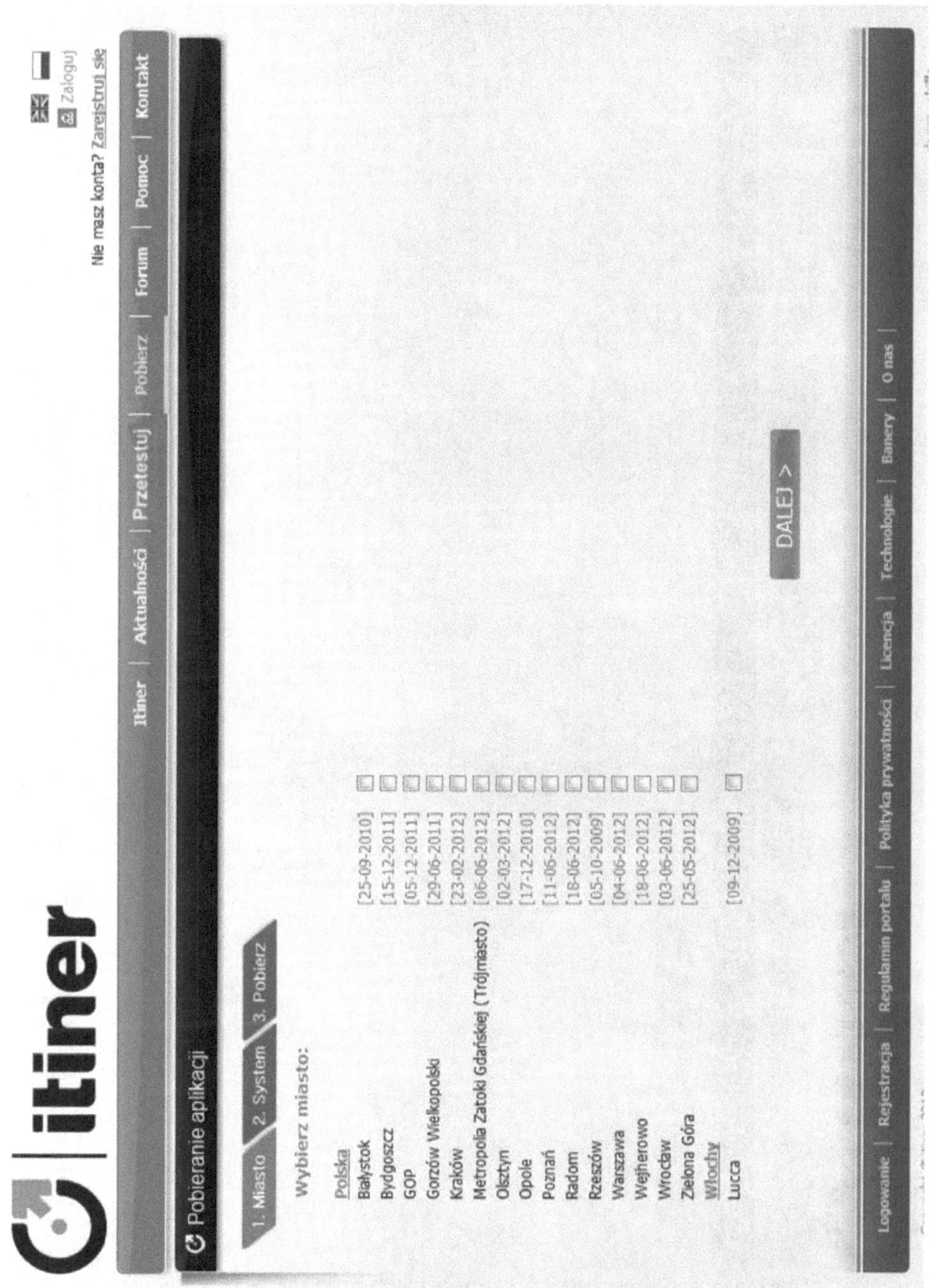

Rysunek 16: Projekt nowej podstrony pobierania aplikacji itiner – pierwszy krok procesu pobierania.

Rysunek 17: Projekt nowej podstrony pobierania aplikacji itiner – drugi krok procesu pobierania.

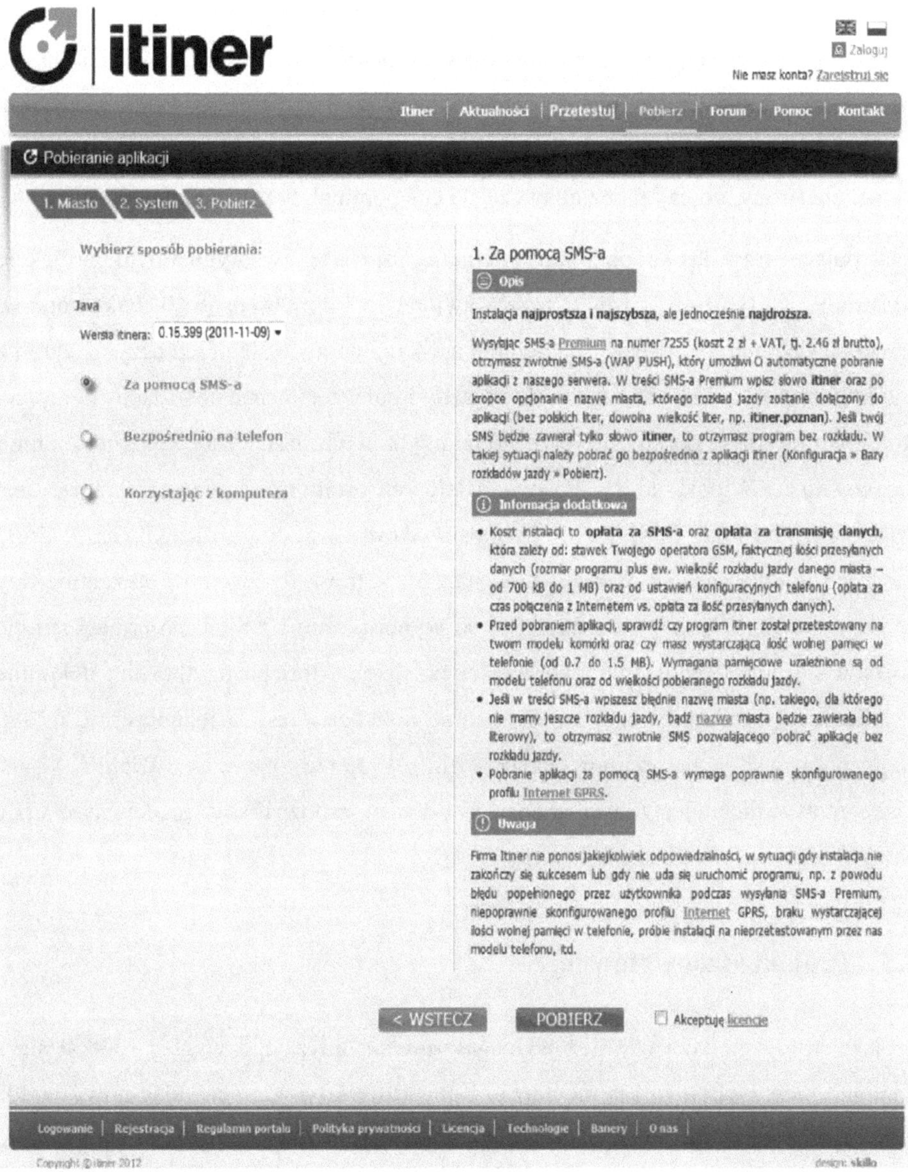

Rysunek 18: Projekt nowej podstrony pobierania aplikacji itiner – trzeci krok procesu pobierania.

W miejsce jednej podstrony pobierania powstały trzy zakładki – trzy kroki pobierania – przez które użytkownik przechodzi automatycznie bez potrzeby zastanawiania się, do której sekcji strony przejść dalej. Użytkownik zostaje płynnie „przeprowadzony" przez trzy etapy pobierania aplikacji, gdzie w każdym z nich na stronie znajduje się jeden element. To sprawia, że nie czuje się on zagubiony, jak wtedy, gdy na stronie mieściło się kilka elementów, z którymi trzeba było się zapoznać, by doprowadzić proces pobierania do skutku. Takie rozwiązanie odciąża uwagę użytkownika, który może skupić się na jednym i jednocześnie jedynym elemencie strony, po czym bez obaw, że się coś pominął, wcisnąć przycisk *Dalej*.

Następujące trzy kroki obejmują elementy zawarte w oryginalnym projekcie podstrony, z tym że zostały przedstawione w inny sposób. Użytkownikowi przechodzącemu do podstrony pobierania aplikacji pojawia się przed oczyma ekran z wyborem miast/-a, których/-ego rozkład jazdy i połączenia chce posiadać w komórce. Kolejnym krokiem, do którego przechodzi użytkownik, jest wybór systemu telefonu użytkownika. Widok, który wyświetli się w ostatnim etapie pobierania, jest uzależniony od tego, jaki system wybrał użytkownik w drugim kroku (na Android dostępne są dwa sposoby pobierania, a na Jave – trzy). Rysunek 18 prezentuje trzy opcje pobierania (Java) – w zależności od wyboru którejś z nich, po prawej stronie pojawia się odpowiedni opis wybranej opcji, dzięki któremu użytkownik dokonuje świadomego wyrobu, w jaki sposób pobrać aplikację. Jest to jednocześnie ostatni etap pobierania, ale zanim użytkownik wybierze przycisk *Pobierz*, musi zaakceptować licencję (z którą może się od razu zapoznać), w przeciwnym razie powyższy przycisk będzie nieaktywny.

3.5. Projekt strony głównej

Projekt strony głównej również wymagał zmiany, gdyż jego wygląd spotkał się z wieloma nieprzychylnymi komentarzami użytkowników. Opracowując nowy widok strony głównej zastosowano się do rekomendacji przestawionych w poprzednim rozdziale (podrozdział *Badanie ostateczne*). Stronę oryginalną i po zmianach prezentują kolejno rysunek 19 i 20.

Rysunek 19: Oryginalna strona główna programu itiner (www.itiner.pl)

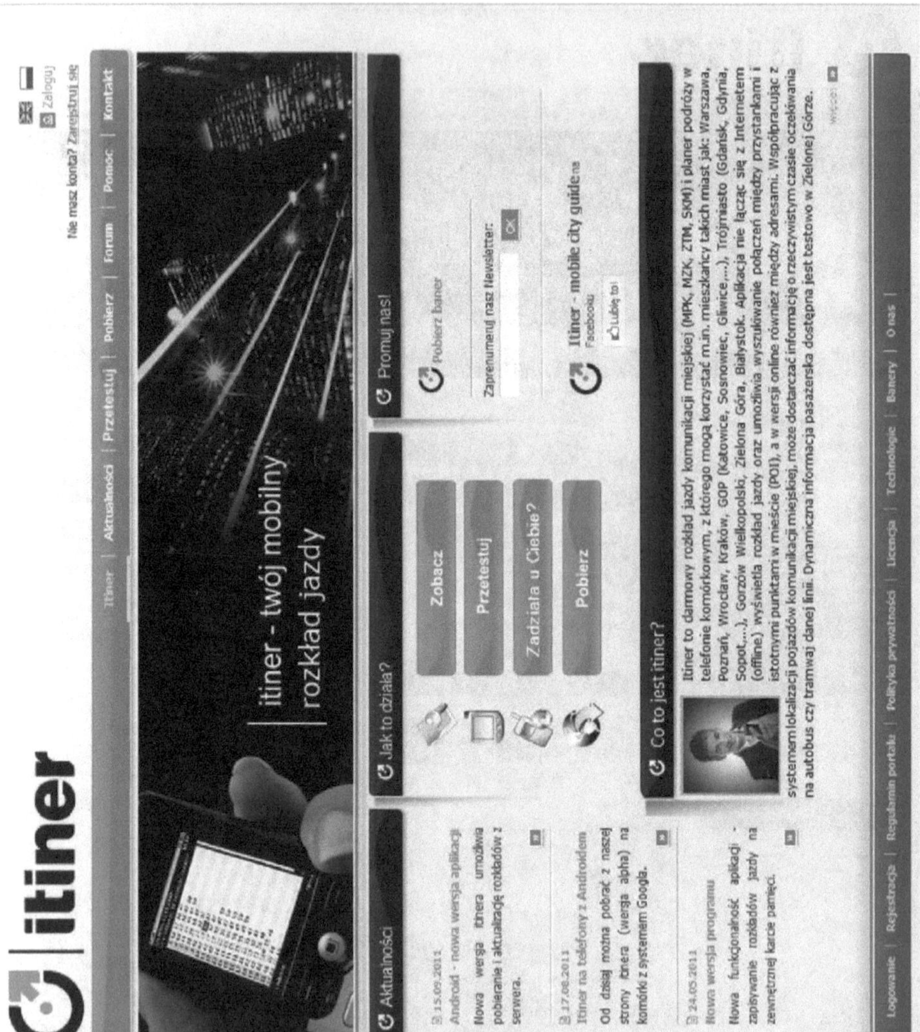

Rysunek 20: Strona główna programu itiner po zmianach

Po pierwsze główna grafika strony została nieznacznie zwężona, a hasło *itiner – twój mobilny przewodnik po mieście* zamienione na *itiner – twój mobilny rozkład jazdy*. Dzięki temu strona posiada więcej miejsca na umieszczenie istotnych informacji, a nowy slogan od razu sugeruje podróż komunikacją miejską. Następnie opis programu itiner został przeniesiony wyżej, w centralne miejsce strony, zaraz pod blokiem *Jak to działa?*. Ta modyfikacja pozwala od razu po wyświetleniu strony głównej zobaczyć, czego ona dotyczy, bez konieczności przechodzenia na dół strony. Kolejnym krokiem było usuniecie bloku *Załóż konto* i umieszczenie odpowiedniej adnotacji w prawym górnym rogu strony (*Zarejestruj się*), zaraz pod hasłem *Zaloguj*, co zmniejszyło liczbę zbędnych elementów na stornie głównej. Zmieniono także kolejność zakładek menu głównego – usytuowane w logicznej kolejności, od najczęściej do najrzadziej odwiedzanych, a także dokonano zmiany terminu *Wypróbuj* na *Przetestuj*, by zachować konsekwencje nazewnictwa (termin występuje w bloku *Jak to działa?* na stronie głównej). Okno portalu społecznościowego *facebook* znajdujące się uprzednio w centrum strony zastąpiono odpowiednim odnośnikiem umieszczonym w sekcji *Promuj nas!*, likwidując jednocześnie niezrozumiały dla użytkownika odnośnik *feedback*. Na stronie pojawił się zupełnie nowy element w bloku *Jak to działa?* – przycisk *Zadziała u Ciebie?*, pod którym umieszczony został odnośnik kierujący do listy modeli telefonów obsługujących aplikację itiner (w oryginalnej wersji można tam dotrzeć tylko z poziomu zakładki *Pomoc→ Telefony*). Dzięki temu ulepszeniu blok *Jak to działa?* po kolei sugeruje użytkownikowi elementy strony, z którymi powinien się zapoznać: począwszy od zobaczenia i przetestowania aplikacji, przez sprawdzenie modeli telefonów obsługujących aplikację itiner, a kończąc na samym pobraniu aplikacji na telefon.

Nowe rozmieszczenie elementów czyni stronę bardziej przejrzystą, sprawiając że wszystkie najistotniejsze informacje są widoczne zaraz po wejściu na nią, bez potrzeby przechodzenia do dolnej części. Bardziej minimalistyczny układ pozwala na natychmiastowe zrozumienie tematyki strony, zanim odwiedzający kliknie w jakikolwiek odnośnik.

Rozdział 4. Podsumowanie

Ponownie warto podkreślić, że strona użyteczna to strona przyjazna użytkownikowi. Witryna stworzona w oparciu o intuicyjną obsługę rozwiązań internetowych znacznie ułatwia poruszanie się po niej. Osoba odwiedzająca taką stronę jest w stanie szybciej odnaleźć interesujące ją informacje. Nie traci czasu na przeszukiwanie całej witryny, dzięki czemu odbiera ją pozytywnie. Im prostsza jest strona w obsłudze oraz im więcej zawiera ciekawych treści, tym chętniej internauci z niej korzystają i dłużej na niej przebywają. Mogą lepiej zapoznać się z prezentowaną na niej ofertą, co zwiększa prawdopodobieństwo ewentualnego zakupu.

Wymienione korzyści budowania serwisów zgodnie z podstawowymi zasadami użyteczności (np. według 10 heurystyk Nielsena) są jednymi z licznych. Dobrze zaprojektowana witryna – np. strona korporacyjna czy sklep internetowy – nie jest jedynie lepiej odbierana przez użytkowników, ale również ma znacznie większą konwersję, dzięki czemu może zająć wyższe miejsce w wyszukiwarce i przyciągnąć kilkakrotnie więcej użytkowników niż serwis z identycznymi, lecz nielogicznie i nieintuicyjnie przedstawionymi informacjami. Nawet pod względem marketingowym, zaprojektowanie optymalnych ergonomicznie portali może przyczynić się do szybkiej ekspansji na rynku i wzrostu obrotu, a ponieważ reklama internetowa jest najmniej kosztowna i z jej pomocą można szybko trafić do szerokiej gamy odbiorców, przedsiębiorcy nie powinni zaniedbać tego kanału komunikacji z finalnym odbiorcą.

Z tego też powodu warto przeprowadzać badania użyteczności z użytkownikami zanim upubliczni się witrynę. Poniesione koszty na takie badania okazują się niewspółmiernie małe do kosztów związanych z prowadzeniem nierentownej działalności gospodarczej w Internecie. Uważnie obserwując poczynania użytkownika w Internecie, można się dowiedzieć na co zwraca uwagę, a co w zupełności ignoruje.

Niniejsza praca oddaje teoretyczne podstawy tematu użyteczności, po czym opisuje badanie własne z użytkownikami (strony internetowej www.itiner.pl), które potwierdza przyjęte założenia teoretyczne. Badanie miało na celu wykrycie i poprawę kluczowych obszarów problematycznych w odbiorze dla użytkownika serwisu. Jego przedmiot promuje w głównej mierze aplikację komórkową udostępniającą rozkład jazdy komunikacji miejskiej wybranego miasta w Polsce. Przed ostatecznym badaniem przeprowadzono pilotaż, dzięki któremu wykryto pewne nieścisłości w scenariuszu rozmowy z użytkownikiem, a w którym uczestniczyły dwie osoby. W ostatecznym badaniu brało udział dziesięciu badanych, przy czym każda z sesji badawczych trwała do godziny czasu (uwzględniając rozszerzoną wersję badania). W dodatkowej części badania brała udział już tylko połowa z wcześniejszej grupy badawczej, gdyż wykonanie ostatniego zadania dotyczącego podstrony pobierania aplikacji mogło przedłużyć początkowe badanie nawet dwukrotnie.

Zastosowana metoda była najbliższa wywiadowi swobodnemu. Choć czas wykonania początkowych zadań został zmierzony, nie miał on jednak większego wpływu na wyniki badania – pełniło to funkcje jedynie informacyjną. Mimo, iż kolejność zadawania pytań również została sprecyzowana, badacz próbował zaaranżować sytuację zbliżoną do naturalnej rozmowy, co miało na celu wzbudzić motywacje u respondenta do udzielania szczerych odpowiedzi. By pozytywnie wpłynąć na szczerość odpowiedzi próbowano zainteresować użytkownika przedmiotem badań, przestawiając itiner jako oprogramowanie codziennego użytku dla osób poruszających się komunikacją miejską. Motywacją użytkownika do brania udziału w nierzadko długo trwającym badaniu było postawienie w roli eksperta użyteczności strony, gdzie to on wyrażał opinię na temat intuicyjnego odbioru strony i wszelkich rekomendacji do zmian na stronie. Badacz za zadanie miał poprowadzić dyskusje, zapytać się o postrzeganie danych elementów strony, po czym zebrać i uporządkować wnioski, które w głównej mierze były wnioskami samych badanych.

Ogólnie rzecz ujmując, sami badani nie mieli większych problemów z wykonaniem poszczególnych zadań. Jednak ich uwagi znacznie przyczyniły się do poprawy spójności i intuicyjności najważniejszych części strony, której przejrzysty i spójny układ pozwoli na szybsze zrozumienie prezentowanych treści.

Nie tylko zrozumienie stanowi istotną kwestię projektu strony WWW, ale również zaufanie użytkownika wobec właścicieli danej witryny. Temat potwierdzonych, rzetelnych źródeł informacji jest przyczynkiem do dalszych rozważań na temat regulacji prawnych związanych z użytecznością stron internetowych. O ile istnieją pewne „niezapisane" konwencje ich ergonomicznego projektowania, o tyle brak konkretnych norm, których przestrzeganie świadczyłoby o dobrze zaprojektowanej stronie, zgodnie z zasadami użyteczności. Co prawda powstały pewne regulacje, ale dotyczące przede wszystkim zagadnień dostępności serwisów internetowych – ich nadrzędnym celem jest eliminacja nierówności w dostępie do informacji w społeczeństwie. Ponieważ w dobie gwałtownego rozwoju technologii komputerowych brak dostępu do Internetu może być znaczącą przyczyną powstawania dysproporcji społecznych, problem ten nabrał w ostatnich latach szczególnego znaczenia. Natomiast użyteczność serwisów WWW schodzi na drugi plan, rzadko temat ten jest podejmowany przez administracje państw i najczęściej nie jest ujmowany w regulacjach prawnych.

Wraz ze wzrostem wiedzy o kwestiach użyteczności, pojawia się jednak na rynku coraz więcej firm, które testują i projektują użyteczne strony internetowe, a także i takie, które wydają certyfikaty informujące o użyteczności strony, które są akredytowane przez organizacje, takie jak stowarzyszenie IAB (Związek Pracodawców Branży Internetowej). Być może w przyszłości obligatoryjne stanie się, by każda komercyjna strona WWW posiadała taki lub podobny certyfikat świadczący o jej wysokiej jakości, zgodnej z przyjętymi standardami użyteczności. Użytkownik nie wahałyby się korzystać ze strony posiadającej taki certyfikat, gdyż ufałby, że informacje na niej zawarte nie wprowadzą go w błąd i są przedstawione w zrozumiały sposób. Ponadto certyfikat, który świadczy, że dana witryna internetowa przeszła badania użyteczności w idealny sposób promowałby kwestie użyteczności wśród projektantów stron oraz zwiększał świadomość użytkowników na temat tego, jak powinna działać i wyglądać dobrze zaprojektowana strona.

Bibliografia

Hurst, M., 2008, *The top 8 mistakes in usability (and companies investing in it)*, http://www.goodexperience.com/2008/05/the-top-8-mistakes-in.php [dostęp: 10.01.2012].

Ivar, H., 2006, *Ideas and Beliefs in Architecture and Industrial design: How attitudes, orientations, and underlying assumptions shape the built environment*, Oslo School of Architecture and Design, Oslo.

Karwatka, T., 2012, *Efektywne i intuicyjne serwisy WWW*, http://www.webusability.pl/kurs-usability/ [dostęp: 12.01.2012].

King, A., 2003, *Optymalizacja serwisów internetowych*, Wydawnictwo Helion, Gliwice.

Klawiter, A., 2006, *Jak rozpoznajemy narzędzia? Hipoteza filozoficzno-kognitywistyczna*, w: Wójtowicz, A. (red.), *Człowiek między rzeczywistością realną a wirtualną*, Ośrodek Wydawnictw Naukowych PAN, Poznań, s. 55-76.

Klein, G., 1998, *Sources of Power: How People Make Decisions*, The MIT Press, Boston.

Krug, S., 2006, *Don't Make Me Think: A Common Sense Approach to Web Usability*, tłum. K. Jurczyk, wyd. 2, Helion, Gliwice.

Lynch, P.J., Horton, S., 2009, *Web Style Guide: Basic Design Principles for Creating Web Sites*, wyd. 3, http://www.webstyleguide.com/wsg3/index.html [dostęp: 20.01.2012].

Nielsen, J., *Usability 101: Introduction to Usability*, Jacob Nielsen's Alertbox, http://www.useit.com/alertbox/20030825.html [dostęp: 05.01.2012].

Nielsen, J., 1997, *How Users Read on the Web*, Jacob Nielsen's Alertbox, http://www.useit.com/alertbox/9710a.html [dostęp: 05.01.2012] .

Nielsen, J., 1998, *Designing Web Usability: The Practice of Simplicity*, tłum. A. Bulandra, Helion, Gliwice.

Nielsen, J., Norman, D.A., 2000, *Web-Site Usability: Usability On The Web Isn't A Luxury*, www.informationweek.com/773/web.htm [dostęp: 07.01.2012].

Nielsen, J., 2000, *Why you Only Need to Test with 5 Users*, Jacob Nielsen's Alertbox, http://www.useit.com/alertbox/20000319.html [dostęp: 05.02.2012].

Nielsen, J., 2005, *Ten Usability Heuristics*, www.useit.com/papers/heuristic/heuristic_list.html [dostęp: 25.01.2012].

Nielsen, J., 2011, *Top 10 Mistakes in Web Design*, Jacob Nielsen's Alertbox, www.useit.com/alertbox/9605.html [dostęp: 07.02.2012].

Pilch, T., 1977, *Zasady badań pedagogicznych*, Żak, Warszawa.

Prywata, M., 2009, *Projektowanie zorientowane na użytkownika*, Polska Agencja Rozwoju Przedsiębiorczości, Warszawa, s. 4-6.

Travis, D., 2010, *Creating usability test tasks that really motivate users*, Userfocus, London, www.userfocus.co.uk/articles/testtasks.html [dostęp: 17.02.2012].

University of Minnesota, 2012, *What is accessibility?*, University of Minnesota, Duluth, http://www.d.umn.edu/itss/training/online/access/what/ [dostęp: 15.05.2012].

Wikipedia, 2012, *Usability*, http://en.wikipedia.org/wiki/Usability#cite_note-1 [dostęp: 14.02.2012].

Kolibri 360 GmbH
Ferdinand-Jühlke-Straße 7
99095 Erfurt, Deutschland
produktsicherheit@kolibri360.de

Druck:
CPI Druckdienstleistungen GmbH
im Auftrag der
Kolibri 360 GmbH
Ferdinand-Jühlke-Str. 7
99095 Erfurt